大展好書　好書大展

社會人智囊

4

應急詭辯術

廖英迪　編著

大展出版社有限公司

目錄

第一章 詭辯的使用法

磨練自己的技術

1 對付西洋式詭辯術的訓練法

不會運用詭辯者無異是在自取滅亡

2 分別使用成功與失敗的訓練

腦筋好的人擅用詭辯

3 活用二〇〇〇年智慧的訓練

詭辯家才是能幹的人

4 如何戰勝敵人的詭辯

制敵機先的辯術訓練

5 操縱數字魔術的訓練 說謊的技術・拆穿謊言的方法

6 磨練幽默技術的訓練 擅長道歉者是詭辯專家

第二章　詭辯的方程式

精湛的說話藝術

第一章

詭辯的使用法

●磨練自己的技術

(1)——對付西洋式詭辯術的訓練法

不會運用詭辯者無異是在自取滅亡

印度人遲到了……怎麼辦？

筆者曾經在印度有過這樣的經驗。不，這種經驗並不只有在印度才會發生，在國外，這種事情可謂稀鬆平常。不過，總而言之我確實在印度碰到一個有趣（？）的經驗。

當時我帶團到印度旅行。那是有二十名成員的佛蹟巡禮的旅行團。由於佛蹟，亦即與釋迦牟尼有關的聖地，有數處是位於極偏遠之地，行程的安排自然變得緊湊。曾經到印度旅行二、三次的我，已經習慣了這類的行程，所以一點也不引以爲意。不過，對年長者而言，這倒是個頗爲吃力的觀光旅行。

行程中的某天早上，印度當地的導遊遲到了。而且，竟然遲到了兩個鐘頭。

那天早上本來預定清晨六點出發。因爲，當時白天相當酷熱，當地的導遊建議儘量在太陽尚未當空的時候參觀，然後在目的地充分地休息。這是當地導遊的建議，因此，我們雖然覺得有點爲難卻還是決定五點起床，六點出發。

「明天早上六點一定要準時開車哦……。」前天晚上我再三向印度導遊叮嚀。印度人没有時間觀念，有點靠不住。不過，話說回來，到悠哉遊戲的印度，卻顯得匆匆忙忙的旅客，反而有點奇怪。對此暫且不予深究，以免把話題扯遠了。

然而事情果然不出所料，印度導遊並没有如期前來。

剛開始的三十分鐘我還頗爲鎮定，因爲在印度三十分鐘並不算什麼啊。上一回來印度時就曾經在火車站足足等了四十多分鐘。不過爲了印度導遊，我還是盡力地安撫團員。

但是，過了四十分、一個鐘頭仍然不見其人影，我終於也按奈不住焦躁起來。但是，在國情、風俗迥異的印度只能乾著急。而所能做的就是等待。

結果，等了兩個鐘頭。不，正確的說法是一個鐘頭又四十八分鐘。「正確地說大約是……。」這樣的說詞雖然矛盾，不過，我的感覺事實上就是這個程度。雖然說是正確，其實並不太正確。

總而言之，乾等了兩個鐘頭左右。印度導遊過了兩個鐘頭才姍姍來遲。

扭轉立場的應急詭辯

但是，印度當地導遊卻帶著滿臉的微笑說：

「啊，各位早，現在就出發吧！請趕快搭上巴士。」

他說的中國話雖然仍有外國人的口音，卻講得非常好。據說是聽錄音帶教學自修學來的。

當時我實在氣極了而勃然大怒：

「你遲到了兩個鐘頭，這是什麼態度？」

我忍不住大聲怒喝，而他卻帶著一副驚愕的表情。

「怎麼回事……？」

「你已經遲了兩個鐘頭，難道一句話也不表示抱歉嗎？」

「我沒有遲到啊！」

「你……！」我說不出話來。我茫然地盯著對方一會兒後才發出聲音。是個激動而憤慨的聲音。

「你說什麼！你不是讓我們足足等了兩個鐘頭嗎？昨天你自己不是說要六點出發，可是你看！現在已經八點了呀！」

「昨天晚上我是說要六點出發。但是，出發時間已經改變了。」

「什麼……？改變了？你什麼也沒聯絡啊！」

「想聯絡也沒時間。因爲，今天早上我決定改變時間！」

「什麼！你怎麼可以這麼任性呢？」

「晚兩個鐘頭出發，接下來的行程安排較順利。」

「但是，你昨天晚上分明說六點……。」

「昨天晚上我覺得六點比較好，但是今天早上我卻覺得八點比較好。」

「既然如此也應該和我們商量呀！」

「爲什麼不和你商量就不可以呢？這裡是印度喔，印度的事情我最清楚。最清楚印度的人決定改變時間。我是導遊，所以有決定行程的權限。」

所謂的啞口無言以對，所指的大概就是這種時候吧！我一句話也說不出來。

印度導遊又說：

「已經八點二十分了。整個行程不是已經遲到二十分了嗎？快一點，大家動作快一點，要出發了。」

然後他轉向司機用印度話做訊號：

「傑羅、傑羅（出發）。」

讀者各位，這就是「應急詭辯術」。您不認爲這實在是太精湛的「詭辯」嗎？

但是，不只是印度，世界各國，到處都有這類「詭辯」，這位印度導遊也並非是特別怪異之徒。他只是一般的印度人，以一般的理論維護自己罷了。

相反地，理直氣壯的是印度人，令人覺得奇怪反而是我們這些觀光客啊。如果搞不清楚這一點就麻煩了。正因爲搞不清楚其間的差別，到海外的國人才會經常吃到苦頭。總而言之，諸如這位印度人的「詭辯」，正是本書所要探究揭露的主題。

詭辯是爲求生存的技術

讀者各位也許以爲我是在說印度人的壞話。事實並不然。我並不是討厭印度人，非但不討厭，反而喜歡。我非常喜歡印度人。

原因是……，這麼說就奇怪了。爲什麼？因爲好惡根本就不需要理由，因爲喜歡就喜歡，討厭的自然就討厭。

我在大學曾經修過印度哲學，從大學時代開始，印度就是我憧憬的地方。

所以，當我第一次踏上印度的大地時，就彷彿回到生長的故鄉一樣。印度的風景令人感到非常的懷念。

因此，我並不想說印度人的壞話。乍看之下我似乎是冒頭就寫印度人的壞話，但是，那絕不是壞話。其實我是要讚揚印度導遊精湛的「應急詭辯」。

但是，就連現在可以平心靜氣這麼說的我，一開始碰到印度人的「應急詭辯」時，簡直是氣昏了頭。要什麼嘴皮子啊！像你這種傢伙，明天就給你炒魷魚，那一整天我的心裡始終這麼嘟喃著。

這眞是所謂的咬牙切齒，因爲這件事至今還讓我感到牙疼、肩酸，甚至是覺得有一把怒火直湧上心頭。

但是，當時我突然在自己的嘟喃話語中想到一件事，那就是雖然我想要把那位印度導遊炒魷魚，但是，我到底能主張什麼呢？這一點倒令我感到不安。

假設我到印度的法院告他。不，我根本沒有想到做這樣的事，只不過在我的腦中假設這樣的情況，當時我發覺如果我向法官提出告訴，他一定會機靈地給予反駁吧。

譬如，下面的情況。

「法官，他遲到了兩個鐘頭，癡癡等待的我們蒙受了極大的損害。」

「原告的指控不實，我没有遲到兩個鐘頭。原告你是否根據手錶做了確認？」

「不，我並没有正確地計算是幾個鐘頭幾分鐘，不過，大約是兩個鐘頭。」

「法官，您看，原告的發言這麼不確實，請您不要相信他。」

「但是，他確實遲到了。」

「不，我没有遲到，我只是改變了行程。」

「但是他没有聯絡。」

「是因爲没有時間聯絡才没有聯絡。我認爲導遊有權不聯絡而變更行程。如果原告認爲不可以没有聯絡就變更行程時，在訂定契約時就應該說明清楚。如果事後藉此找碴，反而使我備感困擾。法官，受到精神損害的是我。」

當腦中想像著這個架空的法院情景時，我才清楚地體會到那位印度導遊遲到兩個鐘頭被我責難遲到時對我所說的話的含意。

如果是我們，百分之百會對自己的遲到表示抱歉。但是，他卻以「詭辯」轉變了立場。如果鬧成訴訟，他們會爲自己據理力爭。也許我們到了法院，仍只會反覆同樣的論調吧。

其實，這只不過是印度人在日常生活中的一個實例。從這一點看來，我們多少已經理解印度人「詭辯」的意義了吧。換言之，那是爲了生活所應運而生的一種技術。

同一個國家的人卻無法溝通……怎麼辦？

我所謂的「因爲生活所必須而產生的技術」所指的是什麼呢？印度這個國家有多種語言，到底有幾種語言呢？雖然這根據計算的方式而有所出入，不過，印度的鈔票上至少標示著十三種文字。何以說是至少呢，乃是因我發現最近所發行的鈔票已增加至十四種了。

爲供讀者參考，將印度新鈔票所印刷的文字略舉如下，其下所列數字是根據一九七一年國勢調查所統計的使用該語言的人口。

印第語　　一五、三七三萬人

提魯格語　　四、四七一萬人

貝加利語	四、四五二萬人
瑪拉迪語	四、一七二萬人
坦米爾語	三、七五九萬人
瑪耳度語	二、八六〇萬人
葛加拉迪語	二、五六六萬人
瑪亞拉姆語	二、一九二萬人
坎那達語	二、一五八萬人
歐利亞語	一、九七三萬人
帕甲比語	一、三九〇萬人
亞薩西語	八六九萬人
辛第語	一二〇萬人
梵語	二、五四四人

最後的梵語只有兩千五百人。單位不同請特別注意。這是古典語，相當於歐洲的拉丁語，也可以說是學者的公用語吧……。

總而言之，如果在鈔票上沒有印上這些語言，在地廣人稠的印度是無法通用的。如果再加上英語（印度的鈔票上印有英語），一張鈔票就印刷著十五種語言。

我曾經數次在印度旅行，不過，從來沒有遇過能全部說出這些語言的印度人。甚至還有印度人拿著鈔票向我問：這是什麼語？並做了筆記。

正如以上所述，印度有許多的語言，根據一九七一年的調查，據說有五千人以上使用的語言，換言之說話者佔居五千人以上的語言就有兩百八十一種。當然是難以溝通的。

除了語言之外，印度其他各個方面也是互不相同的。人種不同、風俗習慣不同、宗教不同……。幾乎可以斷言他們並沒有相同的事物。

宗教的差異爲印度帶來了不幸。印度教和伊斯蘭教有如天壤之別——問題乃在於那一個是天那一個是地。幾乎是完全相反的宗教，再加上一九四七年獨立以前由於統治者英國的煽動而造成雙方的對立，因此，伊斯蘭教徒建立了沒有印度教徒的巴基斯坦「清靜之國」而獨立。

和東西德、南北韓的分裂一樣，印度和巴基斯坦的獨立也是令人可悲的事。

印度教和伊斯蘭教眞的是上下顚倒的宗教。伊斯蘭教認爲阿拉神是唯一的神，是嚴格的一神教。相反地，印度教卻是多神教。

同時，伊斯蘭教禁止偶像崇拜，絕對禁止塑造任何偶像。但是，印度教徒卻非常喜歡塑造神像。宗教都市＝卑拉尼斯據說有五十萬個神像。卑拉尼斯的人口大約有四十萬人，神像反而比人還多，難怪伊斯蘭教徒大爲憤慨。

信仰的宗教不同，人對事物的想法也會不同。一方認爲是好的事物，另一方也許認爲是壞事物。譬如，伊斯蘭教徒不吃豬肉，只是因爲『可蘭經』中規定豬肉乃是不淨之肉不可進食，並沒有其他的理由。所以，對於不承認『可蘭經』權威的人是行不通的。

相反地，印度教徒認爲牛是神的使者，因此一概不吃牛肉。但是，伊斯蘭教徒卻毫無忌諱地吃牛肉。

這樣的人——語言不同、膚色不同、觀念想法不同的人在同樣的平面上生活，這就是印度。不，印度只是最具代表而已，許多國家也都是如此。

不論是中國、美國、蘇聯、加拿大或英國……世界上有許多國家都是由多樣的人種混合聚成的國度。

然而，如果人種不同、語言不同、對事物的想法不同時，就難以獲得溝通。可是很諷刺地，人卻必須在如此難以溝通的世界中生活。

不過有些人卻以爲即使保持沉默也能和對方達成溝通。

「不用說你也明白吧。我不必講得這麼清楚也應該明白才是……。」

「不用說也應該會明白。難道要我說得那麼露骨。」

不論在家庭或工作場合，偶而會聽到與此類似的話語。這種現象在單一語言民族的國家根本不足爲奇。但是，在印度，印度的導遊可能會不懂對方的問話，往往必須請另一個印度人（司機等）從中通譯。譬如：

（我）↓↑（導遊）↓↑（司機）↓↑（路人）

這是指在道理上面對這樣的狀況時，會令人深深地覺得身爲單一語言者的可貴。

但是，身爲同一語言族群的人往往帶有「隨便」的意識。

與其說是「隨便」毋寧是認識不足。這些人以爲不論到那個地方語言都行得通，因而忘記了語言的可貴。正如不認識一天二十四小時充斥在我們周圍的空氣一樣，對語言似乎也產生了一種冷感症。

非但如此，甚至還會輕視語言的存在，認爲人心最重要，根本不需要語言。像在語言統一的國家中似乎有不少有這種愚昧的觀念。

總而言之，單一語言的民族是以沉默爲美德，而多種語言民族則認爲沉默是惡德。在其延長線上對「詭辯」的價值所做的評價自然有所出入。在我們認爲「詭辯」是令人不屑的行爲，而在印度卻是生活的必須品，正好是完全相反的評價。

年輕人有其自由的流行語，可是，即使在語言共同的社會中，最近似乎也有了些異樣。例如，現在聽年輕人的聊天，有時候卻會讓人有恍如置身他鄉異國之感。

原因是現在的年輕人大量地使用自創的流行語，這聽在不明究裡者的耳裡，當然就會莫名其妙。

當然，一個民族是不可能那麼輕易改變的。那些很難改變的部分就是所謂的民族性。

不被時代淘汰的方法

曾經有這樣的例子——

某經理交給秘書一封信函說：

「有空的時候把這封信寄出去。」

不過該信的信封上貼著快遞的紅色標籤，同時還貼上添加快遞郵資面額的郵票。

但是，那封信卻一直沒有寄到對方的手中。結果對方前來催促，於是經理問秘書：

「上次要妳寄的快遞信函到底怎麼回事……？」

「那封信還沒有寄出去啊。」

「咦！還沒寄出去？」

「是的。因為沒有空……。」

她並不是故意找經理的話柄。會從他人話中找話柄捉弄人的是老年人的怪僻，她只不過是遵照經理的指示——有空的時候寄出去——確實履行而已。換言之，她認爲特地去寄信乃是違反命令。

事實上，那位經理是輕視了語言的重要性。因爲，他深信紅色的快遞標籤和添加郵資的郵票已經說明了一切。

因此，「有空的時候……」這句話並不是單純一句話了。他並不預期對方只是聽這句話表面上的意思。

諸如這般的情況，在日常生活中隨處可見。

「要回家了嗎？還早嘛，再坐一會兒嘛。」

即使對方這麼說也不可再留下來打擾。這時應該看清楚對方的態度，而把對方所說的話當成是沒有意義的聲音。如果把對方的話當眞，你會被認爲是遲鈍的人。

不僅是和外國人的交際往來，即使是同一語言民族的溝通，「應急的詭辯」在現今的社會中已日漸凸顯其效力。我認爲如果不會應用詭辯，恐怕隨時會有使自己陷入窮途末路立場的危險。

我正是基於這樣的觀點，而打算發揚以下所謂的「應急詭辯」。

2——分別使用成功與失敗的訓練

腦筋好的人擅用詭辯

詭辯與歪理的差別

首先我們必須要釐清「詭辯」與「歪理」之間的不同。

「詭辯」與「歪理」不一樣嗎……？兩者似乎不盡相同，可是其中的差異卻也叫人無法立即指出，因此，只好勞駕『廣詞苑』的解釋。

【詭辯】（史記屈原傳）①不符合道理的辯論。把是說成非的辯論。穿鑿附會的辯論。②〔論〕（sophism　）為了欺騙對方所做的乍看之下似乎頗有道理的虛僞推論。

【詭辯學派】哲↓詭辯家

【歪理】無聊的理論。不合道理的議論。

這個說明似乎也是令人似懂非懂。既然詭辯與歪理都是「不符合道理的辯論（議論）」

，兩者之間似無太大的差異，在其他的國語辭典上的說明也是大同小異。倒是孫景堂的『新明解國語辭典』上的定義頗爲有趣。

【詭辯】把本來前後不符的事情硬湊在一起的議論。

【歪理】爲了辯護自己的立場或無論如何使對方信服所說的穿鑿附會、不通情理的理由。

依此看來，詭辯和歪理之間似乎有較明顯的不同。我根據這定義做爲參考做了個人的定義。

因爲，事先將詭辯與歪理的使用區分開來，對以後的陳述較爲方便。

那麼，若要將其分開使用該怎麼畫分呢？當我看到『新明解國語辭典』的定義後突然想到一句話：

「畏縮的歪理」

這句話有一種拼命爲自己辯解的感覺。因此，我想把歪理定義爲，是在防衛性的論辯上所使用防衛性的理論。

至於詭辯，則是「應急的詭辯」，多少帶有攻擊性印象的語詞。在此我想把它當做是一個攻擊性的語詞。

換言之——

「應急的詭辯」……是具有積極性、攻擊性主張的論法。

「招架性的歪理」……是屬於消極性、防衛性辯解的論法。

對「應急的詭辯」和「招架的歪理」我們姑且做如上的定義。接著我們再來探討二者在實際上的不同。

天氣預報出現差錯……怎麼辦？

我希望找一個可以提供線索的事例來做說明。

首先我想到的是上一章所舉的遲到的例子。前面談到印度人遲到時的應變，那麼，我們就來探討自己遲到時該怎麼辦……？當然這也是一種事例，不過，光是遲到的問題並沒什麼可說。

對於氣象學我是門外漢，因此，我一點也不清楚爲何今天的天氣預報會不準確。即使有人看到我向我抱怨說：氣象局眞是胡搞瞎搞……我也不知道該如何以對。

因此，我決定選擇這個該如何辯解天氣預報不準的問題爲事例來做一番考察。

被抱怨時的第一個對應方法是賠罪。

「氣象預報說今天會下雨，怎麼一滴水也沒下來呢……？」

「對不起。」

「聽說今天會下雪……，阿拉斯加是下了雪。沒想到我們的報紙也會刊載阿拉斯加的天氣預報，地球眞是也越來越窄了……。」

「眞抱歉。」

「你看！昨天一場大雨使我這套西裝泡湯了，賠償我吧！」

「這實在令人遺憾！」

不論對方說什麼，只是一味地賠罪、道歉。乍看之下這似乎是最好的辦法。而所有的播報員最慣用的似乎也是這套手法。我所碰到的氣象播報員都是卑躬曲膝的人，也許是他們平常常擺低姿態所造成的吧。

但是，仔細想起來謝罪並非良策。因爲，一旦謝罪之後，必須連日連夜謝罪——玩笑話就此打住。一般而言謝罪是表示無條件投降。所謂「一般而言……」是以國際性的慣例爲一般……。

我們常可聽到這樣的語詞。

「我已經如此道歉了，你怎麼卻得理不饒人呢……？」

「我已道歉了，你卻還打人簡直是卑鄙——。」

但是，這是外國人難以理解的話。因爲，道歉本身就是承認自己的過失，而承認對方的正當性。

在外國，謝罪的含意是己方願意接受任何報復，對方有報復的權利。己方對對方所加諸的報復都不反抗。

所以，如果自己沒有某種限度的責任——則必須主張自己並沒有責任並使對方信服。反之，若不如此主張而只一味地道歉賠不是，就必須背負無限的責任。

極端地說，「被打也是理所當然，即使被殺也毫無怨言」，乃是謝罪的意義。

因此，絕對不會有人會說：「我已經賠罪了你還打人，簡直是卑鄙。」

到外國旅行時，在電梯內或飯店的樓下，當人與人相碰或只是接觸到肩膀，就可聽到雙方互說「對不起」。

即使實際上並沒有接觸只是很靠近而已，他們還是會說「對不起」。

但是，碰到重要的問題時，他們——歐美人、印度人或其他西洋人絕對不會表示抱歉。

正如本書的開頭所提到的印度導遊，其對自己的遲到始終不表示抱歉的原因就在此。

正論被以爲是歪理的損失

但是，我們國人的想法卻與外國人有所不同。東方人認爲坦率地向別人表示自己的錯誤反而是好事。或許其中有人是顧慮到這樣對以後的人際關係較爲有利。

不過，歸結來說這也是程度的問題。因爲，即使是西洋人不小心碰觸到他人肩膀時也會道歉，而且如果僅只是這種程度的受害，只要對方道了歉自然也不會再計較。

只不過是東方人所能寬容的範圍似乎比西方人寬廣。例如，即使遲到兩個鐘頭，只要低頭表示抱歉也會獲得原諒（結果我也原諒了那位一句話也不道歉的印度導遊。這就是東方人的特質。如果是印度人本身，那位導遊恐怕在隔天就被炒魷魚了）。

大致上說來，東方人覺得凡事泰半可以原諒，但是，仍然有不可寬待的事情。就以不準確的天氣預報而言，有時也可能造成無法原諒的事態。一九八〇年十月，日本的氣象局被行政當局責備。當時不僅天氣預報不確實，氣象局卻還自以爲有趣地製作天氣預報的準確率而沾沾自喜，一點也沒有反省的樣子。當局的責難似乎頗爲嚴厲。

這時，氣象局的長官說：

「非常對不起，今後我們會認眞地做，請您原諒。」

這麼說就沒事了嗎……？事實上這並不是道歉就可以解決的事。如果一搞不好，恐怕預算將會被大幅削減。

因此，氣象局必須爲自己辯解。而且一定要說得認眞而有條理。他們必須說明氣象局的工作人員確實都很認眞地在工作，而天氣預報之所以還不準確——這的確是事實——是因爲像日本這種島國氣象的變化非常迅速——像美國的大陸地形可就容易掌握了——根本很難捉摸的到。

並且在爲自己辯解的同時，較高明的做法是再趁機提出一些與己有利的要求。例如，還要提到如果多少增加一些預算即可提高預報的精確度……這大概是正式場合的做法吧。在正式的場合謝罪是危險的。

那麼，若是我（假設我是天氣播報員）該怎麼辦？當朋友向我追究天氣預報不確實的責任時，我是否應該以正式的論調爲自己辯解呢？不，如果這樣做反而奇怪。

即使那的確是有眞憑實據的解釋，但是，對說話者而言的正論，聽者卻難以接受。極力地以正論爲自己辯解，聽者反會把它當成「歪理」。而責怪說者只是亂編些歪理爲自己找台階下……。

處於受害者立場的人，往往會覺得對方所做的辯解只不過是些「招架的歪理」。

因此，在個人的場合既不宜道歉賠罪，也不可賣弄「招架的歪理」，而是要應用「應急詭辯」。天氣預報落空時該如何用「應急詭辯」爲自己圓場呢？

預報費用是每一個國民一元

若是我我會這麼做。

我會事先準備兩則不同的「應急詭辯」。這兩個方法是隨對方與狀況而分別使用。第一則是應用在談時間不太多，對方有複數人，無法詳細深談時的場合。

「各位，氣象局的年度預算大約是四百四十億日元。」

正確地說一九八一年的年度預算是四百四十億六仟萬日元，這是來自國民稅金的款項。除此之外還有大約五十億五仟萬日元左右是由機場整備特別會計所撥過來的款項預算。所謂機場整備特別會計是航空公司所繳納的稅金。因此，並非國民直接的納稅。

我會一開始就明確地指出氣象局的年度預算然後說：

「……日本的人口有多少人呢？是啊，一億一千六百九十一萬人。假設大約是一億二仟人吧。用這個人數除以四百四十億元，結果得到三百六十六元的數字。這是每一個國民付給氣象局的金額。」

「原來如此……。」

「而一年有三百六十五天吧！」

「是的。」

「用三百六十六元除以三百六十五天。」

「剛好是一元啊。」

「是的。等於是每人每天付給氣象局一元。」

如此說著我從錢包裡掏出一元硬幣，然後把那硬幣塞給對方。

「今天的預報不準確，來，這是今天的錢。」

當然，對方並不會接受，而且說不定他和在場的人都還會哈哈地發出大笑，事情當然就此圓滿結束。這是新潮而又帶有幽默感的「應急詭辯」而且，一元硬幣又再度返回我的錢包，所以我連一塊錢也沒有損失。如果碰到那個怪胎說聲「謝謝」而把一元硬幣收下，也只是一元的損失而已，根本無關痛癢。甚至可以笑著收場。

當然，事情若能像上述收場當然最好。不過，這種說詞的本質就是一種「詭辯」。因爲，冷靜的讀者們或許早已察覺到，如果預報不確實時，要追回人民所繳納的稅捐，則賠償的對象應該是全國一億兩仟萬人才對。

如此一來，單是我一個人的財力也不夠。而且，並非一年只有一次預報不準，因此，也無法從氣象局的預算給予扣除。搞不好還會使氣象局的預算傾瀉一空。

另一種詭辯＝風濕預報

另一種「應急詭辯」適合一對一深入地對談的場合。

筆者曾經有一次在酒吧向吧女滔滔不絕地論說此事。

「氣象局的預報怎麼老是不準確啊……。」

她的口吻彷彿像是行政官員一樣。因此，我以彷彿在說起悄悄話的口調對她說：

「有關這一點，我有一點事情想要拜託您。」

「……？」

「妳應該也知道吧。有些人每當下雨前就會感到風濕疼痛。也有人小腿部的傷口會疼痛……。」

「是啊，這種事經常聽到。」

「事實上，氣象局很想要雇用這些人。不過，是暗中雇用喔。暗中雇用這些人讓他們做天氣預報。」

「這可是個好主意。」

「不過，很難找到理想的人……。」

「也許有這樣的人喔……。」

她開始在記憶中摸索。我立刻附帶了條件。

「如果有的話將高薪雇用，即使對方只是兼差也無妨。只要每天打電話給氣象局就行了。像是一部電腦終端機……但是他必須要符合一個條件，否則不能給以雇用。」

「什麼條件……？」

「身體的傷痛必須在下雨之前的十八個鐘頭發作。」

因爲氣象局要根據他所提供的情報重新書寫天氣圖、製作天氣預報文，然後刊載在報紙上，讓每位國民閱讀。因此，如果没有十八個鐘頭的空檔是不行的。

「但是，傷口會因天氣變化而發痛的人多半是在下雨前的一、二個鐘頭才會開始有感應。這麼一來，氣象局就無法利用他們的情報了。患有風溼症的老人預感天候變化的準確度較高，那彷彿是九月之後（日本職棒賽的末期）預測職棒中那一個球隊會獲勝一樣。但是，氣象局就不同了。只看到春天的球隊集訓或看到開幕戰的資料就必須預測那一隊會獲勝……」

「說的也是啊……我終於明白了，氣象預報員的工作可眞辛苦啊……。」

各位看官您覺得怎麼樣？這也是「應急詭辯」。諸如這般地運用「應急詭辯」則要獲得對方充分的諒解並不難。

筆者經常使用這個「風濕預報」的論法。當找不到適當的話題時，我甚至會以這個爲話題。

但是，有一次我談完這些話之後一名女性如此說：

「有這樣的人您看怎麼樣……。」

「……？」

「他非常喜好打麻將，但是，每次他打贏了麻將隔兩天必並會下雨……何不雇用這個人……？」

本來我是打算以「應急詭辯」應付問題，沒想到天外有天、人上有人，對方竟然勝我一籌。

反用弱點的攻擊法

以上介紹了兩個「應急詭辯」。其共通處是帶有幽默感。

幽默是非常重要的。但是東方人卻覺得這是非常棘手的事。雖然留意要說些有幽默感的話，然而講出來的往往卻只不過是一些俏皮話罷了。

眞正的幽默並不是這樣，最理想的是在緊密的論理上帶有幽默感。有關幽默的問題容後再敘。

還有一個再此要附帶一提的是「應急詭辯」是要反用自我的弱點。反用本來應該辯解、解釋的弱點，並藉此向對方展開攻擊，這才是詭辯中的詭辯吧。

譬如，氣象局的預算就是其中一例。氣象局是從每一個嬰兒或老人的身上每天拿一元當做預算，處理有關氣象的工作。

合計起來一天相當於一億兩仟萬日元。所以，即使只有一天的預報有所誤差，也是相當不可原諒的。不過，「應急詭辯」卻令人忘了事情的嚴重。

「僅只一元……。」

令人以爲花費無幾乃是詭辯的神妙之處。

如果大學教授能應用這一點，就能爲經常的講義停課找出漂亮的藉口。如果學生抱怨停課太多時（事實上學生最喜歡停課），就列出下列的算式即可。

（教授年俸）÷ 2 ÷（一周課業分擔數）÷ 35 ÷（平均學生數）

……除以2乃是大學教授的本務乃是分爲「研究、教育」兩項。所得的一半是研究費。三十五是教育部所規定的年間授課日數。

假設年俸是六百萬元，授業科目是哲學概論兩班、論理學三班，一般的學生人數是三十五名。結果就如下面的算式。

6,000,000 ÷ 2 ÷ 5 ÷ 35 ÷ 35 ≒ 490

大約是五百元。

如果有學生因停課太多而抱怨時，可以把五百元直接還給學生，不過，五百元似乎高了一點。因此，可在年俸上動些手腳。

「陳同學啊，我所領的年俸六百萬元中還必須養育妻兒。如果不扣除這些必要的生活費用，而全數教給學生，我的妻兒可要在街頭挨餓受凍了。」

「但是……。」

「不，我倒無所謂，是我對不起你們，我即使餓死了也無所謂。但是，我的妻兒和我是截然不同的人格啊！」

學生們聽老師這麼說大概沒有異議吧。他們只好妥協。

「我有兩個孩子。換言之一家有四口，除了我之外，其餘三位的生活費必須從六百萬扣除。結果變成……。」

$$6{,}000{,}000 - (6{,}000{,}000 \div 4) \times 3 = 1{,}500{,}000$$

再除以二、除以五、除以三十五……。」

結果大約是一百二十元，若是這一點錢就輕鬆了。

「眞對不起，還你一百二十元吧……。」

各位讀者看到這裡若忍不發笑那您就輸了。雖然這位大學教授在許多地方運用偷天換日的辯法——亦即「詭辯」——但是，事實上他以一次的停課爲問題就大有玄機。竟然連學生都會抱怨了，可想而知這位教授的停課不可能只是一次吧。

所以，那位教授事實上要將一百二十元乘以停課的次數再還給全班的同學。

這一點才是最嚴重的偷天換日。不過，一般人碰到「應急詭辯」時，都會不知不覺中就被蒙蔽了。所謂「應　急的詭辯」正是說話術的本質。

商品有瑕疵……怎麼辦？

我們再回到本章的開頭來比較一下「應急詭辯」和「招架歪理」。

據說一名青果商利用下列的宣傳文句把一批有瑕疵的蘋果傾銷一空。

——各位顧客，請注意這些蘋果是有瑕疵的。這乃是被冰雹所打傷的痕跡。不過，這些瑕疵正證明了這些蘋果乃是高地所生產的。各位也知道在高地氣溫急劇下降時會落冰雹，不過，反而能採到果肉紮實、味道豐美的蘋果。

這個例子巧妙的反用了蘋果有瑕疵的弱點。

蘋果的瑕疵是最致命的弱點。所以，商人必須爲這個瑕疵辯解。一般慣用的辯詞是說雖然蘋果上有瑕疵，卻一點也沒有改變蘋果的風味。而且，這樣反而便宜。

但是，顧客聽了這番話卻未必信服。蘋果有瑕疵也許不會改變蘋果的風味，不過，沒有瑕疵的蘋果總是比有瑕疵的好吧……。而且，蘋果上有瑕疵時很容易從該處腐爛。顧客可能會有這樣的反駁。

因爲，如果說有瑕疵的蘋果卻和毫無瑕疵的蘋果一模一樣的話，那簡直是「歪理」。如此一來這些蘋果必定賣不出去。

「防衛式的歪理」是被動的。被動的態勢無法獲勝。

相反地，我們應該反用這些瑕疵以爭取顧客的信賴。

有瑕疵乃是高地產的蘋果，高地產的蘋果好吃。因此，有瑕疵的蘋果好吃。如能應用這樣的「應急詭辯」，即使是有瑕疵的蘋果也能受到顧客的青睞。

當然，或許各位讀者已經明白，即使是這種「應急詭辯」也是一種理論上的障眼法。然而正因爲有障眼法，所以才說是「詭辯」。

那麼，它的障眼法在哪裏呢？

對了，也有無瑕疵的高地產的蘋果吧。那些沒有瑕疵的高地蘋果才是高級品，而有瑕疵的蘋果是有缺陷的次級品。

會令顧客忘了這一點事實的，正是「應急詭辯術」之所以成功的秘密。而這正是我們也應該銘記在心的地方。

3——活用二〇〇〇年智慧的訓練

詭辯家才是能幹的人

蘇格拉底找碴時

前章我們對於「詭辯」和「歪理」做了一番比較，並且陳述了「詭辯」的效用。接著我們來考察一下「詭辯」的歷史。

在此先介紹一提起「詭辯」必定登場的，古希臘及古代中國的詭辯家們的言行舉止。歷史經常給我們重大的教訓，因此，我們應該從歷史記取教訓。

如此嚴肅的說詞似乎和我的品味不符。不過，我只是想在此談一談在古時候，紀元前五世紀到前四世紀初之間以希臘雅典爲中心被稱爲「詭辯家」們的故事。

這些人原本都是賢達（sophistes）之士，不知何故到了後世竟然被冠上「詭辯家」這個並不太雅觀的名稱。

希臘語的「sophistes」意思是「有智慧的賢者」。簡單地說是「智者」。但後來卻爲何變成了「詭辯家」呢？

這個原因和大哲學家蘇格拉底（紀元前四七〇～三九九年）有關。因爲當時的蘇格拉底先生經常愛說些艱深的話語。例如：

人所被賦予的智慧是有限的。眞正能誇稱自己是有智慧的人惟有神而已。人若自稱爲「智者（sophistes）」乃是對神的冒瀆。

這是蘇格拉底的說詞。

後世的哲學家似乎受到蘇格拉底的影響，把蘇格拉底對智者的觀念據實地繼承下來。在此要附帶一提的是，蘇格拉底本人稱自己爲：

——愛智者（philosophy）

其是指因爲自己欠缺智慧所以愛智慧。所謂愛智者（philosophy）相當於「哲學家」。

換言之，所謂的哲學本來是指「喜愛智慧之學」。

蘇格拉底還對智者們作了另一個挑剔。那是對智者們傳授知識、技術以獲得金錢上的報酬的責難。

換言之，蘇格拉底認爲不應把神聖的智慧當成商品。

但是，這個指責似乎太苛薄了，因爲蘇格拉底本身生活一切所需全由妻子克桑姬貝供養不事生產亦無所謂。

克桑姬貝是歷史上著名的潑婦，是專業的產婆。雖然當時的夫妻是以夫爲尊，然而正確地說蘇格拉底卻只是產婆的丈夫，這一點請注意。

總而言之，他是被妻子養活的男人。如果是必須自己，養活自己或像我一樣必須養活妻子的人他該怎麼辦……？

如果沒有金錢也沒有力量，最後還不是只能藉由出售知識、情報以維生。若大家都照蘇格拉底所說地那樣做，那麼大多數的人只好餓死了。

把黑色烏鴉說成白鷺的詭辯

自古以來東方人似乎就是無法正當地把情報換算成金錢的人種。這一點倒有點像希臘的大哲學家。

我認識一名在日本的第二代美國僑民，雖然英語、日本語都能靈活運用，不過，據說若是談到有關金錢的問題他都會以英語做思考。

譬如，碰到邀稿的電話或演講費的交涉時，會先用英語在腦中思考：稿費是 How Much，然後才能輕易地開口問稿費的問題。當然，對方是日本人所講的也是日本話。不過，他講的是日本話，然而卻是先用英語做一番思考再翻譯成日語而開口說話。

據說如果腦中是用日本語整理思路，則似乎很難說出有關金錢的問題。

聽他這麼一說我覺得頗有道理。我們不就是，提起金錢的事常難以開口嗎？

雖然心裏想著對方若能明白地告訴我稿費計算標準是多少該有多好……然而事實上卻無法開口問清楚就接受對方的邀稿。當文稿變成印刷品之後，才癡癡地等待稿費的入帳，往往是一喜一憂的景況。

我想外國人大概不會有這種事吧，但是，東方人不知何故卻常有這種爲難。以向人邀稿的編輯者而言，似乎對稿酬的問題也很難以啓口。

如前所述，雖然蘇格拉底對智者們的指責有點過分，但是，其實智者們本身多少也有應負的責任。

因爲，在這些智者們之中甚至有人過度膨脹自己的辯論術，而掛出能傳授將黑色烏鴉說成白鷺的說話術的招牌。

看到這樣的招牌不必說是蘇格拉底，即使是一般人也會把他們當成是詐欺論者。

雖然這些人當中應該也有認眞授業的人，不過，正如惡幣良幣的法則一樣，他們最終會被指責爲詐欺的詭辯家。

其中最有名的詭辯是被稱爲「季諾的詭辯」。這是紀元前五世紀的哲學家（詭辯家）季諾所提出。其內容如下：

(1)飛馳中的箭靜止不動。

(2)無法由一點到達另外一點。

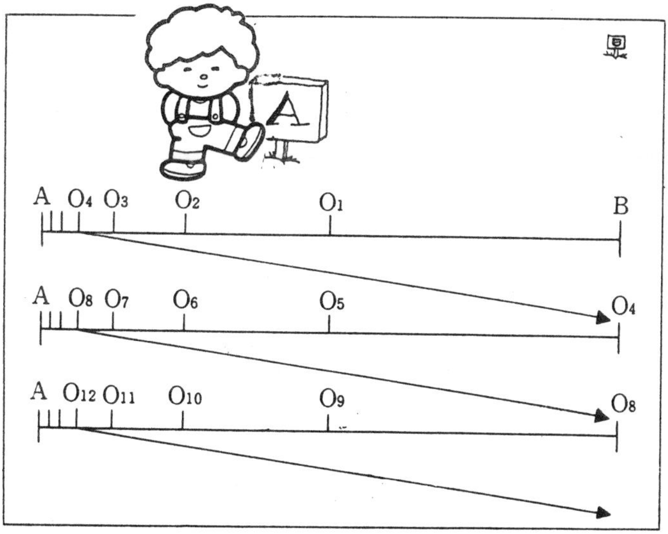

(3)連希臘神話中腳力最快而聞名的阿其里斯也無法追上烏龜。

(1)的理論是這樣的。飛馳中的弓箭雖然是在動的，然而若以各個瞬間來觀察則是靜止不動。以現代的感覺而言，彷彿是膠片的間隔。所以，他認爲在每一個瞬間都保持靜止的弓箭是不可能移動的。

有關(2)請參照附圖。要從A點到達B點，首先必須到達位於A和B中間位置的O_1。

其次，若要從A到達O_1，必須先到達其中間點的O_2。同時，若要從A走到O_2，則必須通過其中間點的O_3。

由此可見其中有無限的中間點。在有限的時間內並無法通過這些無限的點。所以，無法從A點到達B點。

至於(3)的理論（詭辯）則和(2)一樣。烏龜雖然腳步緩慢，但如果牠是在阿其里斯之前的話，阿其里斯要超越牠首先必須跑到剛才烏龜所在的位置。

但是，當阿其里斯正在移動時，烏龜仍然緩慢地往前進。所以，阿其里斯必須再一次跑到烏龜剛才所在的位置。

……如此一來雖然烏龜只稍微領先卻永遠在阿其里斯的前面。因此，季諾認爲阿其里斯追不上烏龜。

辯論家們在法庭上的唇槍舌戰

曾經有過這樣的例子——。

一個年輕人成爲某辯論家（詭辯家）的弟子。但是，他非常貧窮身上只帶著事前應繳學費的一半金錢。

因此，與老師約定剩餘的半數學費以畢業後第一次訴訟獲勝的酬勞支付，而獲得緩交學費的許可（事實上辯論術是有助於法庭上議論的技術。辯論家的工作相當於今日的律師）。

那位年輕人終於學成畢業。但是，他卻一直沒有償還緩繳的半數學費。其實他雖然有心繳納，然而卻没有顧客前來雇請他辦理訴訟案件。

因此，老師向這位弟子提起了告訴。不愧是身爲辯論家的老師，那位老師在法庭上所展開的議論的確頗爲精湛。

——無論如何被告必須償還未繳納的半數學費。因爲，如果這場訴訟被告落敗時，毫無疑問地被告必須肩負還債的義務。

相反地，如果這場訴訟被告獲勝時，這乃是他畢業後首次進行的訴訟案件，因此，如果在訴訟中獲勝，被告必須依照約定把剩餘的學費償還給老師。

這乃是老師的理論。不，應該說是「詭辯」。因爲，這個理論法很容易遭到反駁。最好的證明是被告　弟子對於老師所陳述的這套理論「詭辯」做了下面的反駁。

這正是有其師必有其徒。

——不，剛才老師的陳述完全相反。我根本沒有償還學費的義務。

因爲，如果老師在這場訴訟落敗時，老師就無法要求我償還另一半的學費，同時，如果我落敗時，等於是在畢業後首次的訴訟中敗北，因此，我並沒有償還的義務。

那麼，如果你是法官該如何判決呢？

事實上，上述的兩種論法都是錯誤的。在此雖然沒有充裕的詳時間詳細述說其原因——要詳細說明這本書的篇幅根本不夠——總而言之詳情是這樣的。

換言之，這裡所謂的「訴訟」有兩種。

其一是「弟子成爲律師的訴訟」。

另一是「弟子成爲被告的訴訟」。

這兩個訴訟完全不同。而弟子所約定的是，若在「弟子成爲律師的第一個訴訟」中獲勝，將償還餘額。

但是，那個「訴訟」尚未進行。目前所爭執的訴訟是「弟子成爲被告的訴訟」。正是因爲訴訟的勝負與所約定的訴訟勝負混爲一談，才使二人的意見產生矛盾。所以，只要明確的分類「訴訟」的內容就不會產生這些矛盾。這也正是我們的對策。我們根本不需要和詭辯家們在論理的陷阱中玩捉迷藏。

總而言之，讀者各位應該已可以了解，所謂的智者他們所施展的「詭辯」是屬於何種類型的吧。正因爲如此，這些智者才會被稱爲「詭辯家」。

「白馬非馬」論

有關古希臘的詭辯家就談論到此，接著我們來談古代中國的詭辯家。

在中國的戰國時代。戰國時代是從紀元前五世紀後半到前三世紀，正好相當於希臘智者（詭辯家）活躍的時期。在戰國時代中國出現了許多思想家，泛稱爲諸子百家。

中國人喜好誇張的表現。譬如「白髮三千丈」。人的頭髮再長也不可能有三千丈（九千公尺）。

中國人雖然喜歡誇張的表現，然而所謂的諸子百家似乎並不誇張。根據『漢書』的記載，在戰國時代活躍的思想家有一百八十九家。

戰國時代正處於由奴隸制轉移為封建制、從都市國家移轉到領土國家的時期，既有的傳統、權威已經式微，而新的道統尚未建立，於是蔚成一股可任憑思想家活躍的自由風氣。

在所謂諸子百家的一百八十九個思想家群中，除了儒家、法家、道家、陰陽家之外，還有所謂的名家。這就是詭辯論者。

中國的詭辯論者（詭辯家）的詭辯出自『莊子』或『列子』。在此列舉二、三代表性的詭辯。

①　一尺之棰，日取其半，萬世不竭。

②　飛鳥之影，未嘗動也。

③　白馬非馬。

①的理論和希臘的季諾的詭辯是一樣的。這是指雖然僅只一尺的棰（鞭、棒），每天折成一半，直到萬世永遠也無法折盡。

這和季諾認為兩點之間有無限個中間點的論法，是完全一樣的。

②也和季諾所說的飛馳中的弓箭是靜止不動的論法一樣，不過，中國是以影子為問題。既然在每個瞬間飛馳中的鳥影都是靜止的，當然可以說是未曾移動。

最後的③在希臘並不是論述的焦點。「白馬非馬」這似乎很難令人理解。本來，很難獲得理解的事情也許就是「詭辯」吧。

白馬非馬——這是公孫龍的主張。

他認爲馬是對形狀的命名，而白則是顏色的稱呼。對顏色的命名和對形狀的命名是不同的。所以，白馬非馬。

公孫龍所闡述的似乎是「概念」的問題。

筆者也曾經在課堂上提出「白馬非馬」的測驗題。也是爲了瞭解學生對課堂上所講解的課業所瞭解的程度而出這道題，其中有一個堪稱傑作的答案。

「這是無庸置疑的。White Horse 是威士忌，不是馬。」

而就在這張答案卷上批了滿分。

古代的中國人似乎是擅長運用「詭辯」的民族。而筆者認爲這個傳統似乎並不容易消失，您認爲怎麼樣？

請看下面的引用：

「我們是戰爭消滅論者，我們不喜歡戰爭。但是，唯有經由戰爭才能消滅戰爭；若要消除武器必須先拿起武器。——「戰爭與戰略的問題」（一九三八年十一月六日）

這是取自『毛澤東語錄』，我認爲從這段話就可發覺偉大的中國的傳統是生生不息的，事實如何呢……？

●釋迦牟尼的「應急詭辯」

給死者的藥

佛教的開山始祖、釋迦牟尼無庸置疑地是佛教徒所景仰的聖人。

有一天，釋迦牟尼在印度可沙拉王國的首都舍衛城碰到了一個瘋女。瘋女的名字叫做基莎葛它米。她抱著已死去的愛兒的骨骸在馬路上徘徊。是愛兒的死使她發狂。

「有誰啊，能給我這個孩子起死回生的藥。」

「死人是無藥可醫的。」人們都嘲笑她。但是。釋迦牟尼卻說：

「我給妳調這帖藥吧！」

「……」

「不過，請妳先把藥的材料找過來。聽清楚哦！請妳到從未有死人的家裡去拿芥子粒過來。我就替妳調藥。」

基莎葛它米在跑遍了舍衛城的大街小巷。挨家挨戶地找尋不曾有過死人的家。然而據說不論那個家裡都曾經有過死人。

原來到處都有死亡？

當她明白這一點時就不再發瘋了。

●基督的「應急詭辯」是或不是？

耶穌基督有一次碰到一個問題。

有人問祂！「我們是否應該向皇帝繳稅？」

事實上質問者是想陷害耶穌的。如果耶穌回答說！「不需要繳納」時，這個人就打算向耶穌檢舉叛國之罪。相反地，如果耶穌回答說！「ＹＥＳ」—「應該繳納」時，耶穌的弟子們一定感到失望。因爲，耶穌似乎也是迎合國家權力的人。那麼，到底要回答「ＹＥＳ」或「ＮＯ」？

這個問題的答案的確很難。耶穌的敵人以及耶穌的弟子們都靜待耶穌的回答。

耶穌從在場者身上借了一枚羅馬的金幣。然後反問詢問者說：

「金幣上所印的肖像是誰的呢？」

「是皇帝的。」

「那麼，皇帝的就歸皇帝，神的就歸神。」

這就是耶穌基督的「應急詭辯」。

●公孫龍的「應急詭辯」

看穿約定的深沉意義

公孫龍是古代中國家喻戶曉的詭辯家。

有一次，趙王派遣侍者向公孫龍求援。問題是這樣的——。

趙與秦結爲同盟。約定兩國彼此互相合作。後來，秦出兵攻魏，趙王卻出兵助魏。

當然，秦向趙王嚴重地抗議趙王違約。

「秦與趙乃同盟國。爲何貴國對秦之敵的魏國伸出援手？」

面對這個抗議趙王該如何以對？這是趙王差遣侍者向公孫龍求助的問題。那麼，如果是你該怎麼說呢……？

公孫龍一副無所謂的樣子說：

「請趙王派遣侍者向秦王抗議。責問秦國何以明知趙與秦乃同盟國，秦卻派兵討伐趙所要援助的魏呢？」

公孫龍一副無所謂的樣子說：

「請趙王派遣侍者向秦王抗議。責問秦國何以明知趙與秦乃同盟國，秦卻派兵討伐趙所要援助的魏呢？」

●土耳其皇帝的「應急詭辯」

對神學者科學性的回答

阿布德爾・哈米特二世乃是奧斯曼・土耳其帝國第三十四代的皇帝，也是獨裁者，這位皇帝想盡辦法要將照片合法化。

因爲，伊斯蘭教的神學者們認爲照片乃是違反禁止偶像的聖令。但是，皇帝在自己轄屬的秘密警察的偵探活動中想要用照片。

因此，皇帝以下面的「應急詭辯」使照片合法化。

——照片是由光和影所形成。但是，光和影都不是偶像。因此，照片也不是偶像。

●德川家康的「應急詭辯」

暗號解讀式的詭辯法

統一天下的德川家康年紀已七十有餘，自覺來日不多。而德川家的勁敵豐臣家中有一個氣勢非凡的青年秀賴。家康爲了減弱秀賴的勢力，佯稱要供養亡父之靈而讓各地許多大寺廟重新興盛。

碰巧在這些寺廟中有一座方廣寺，該寺寺鐘上有「國家安康」與「君臣豐樂子孫殷昌」的銘文。於是家康就在該寺廟的鐘的銘文上找碴。

家康認爲銘文中的「國家安康」乃是「家康分斷則國安」的暗號，「君臣豐樂子孫殷昌」乃是「以豐臣爲君，享受子孫的殷昌」之意。這簡直是穿鑿附會的「詭辯」。

據說這個「詭辯」是由家康的貼身僧侶崇傳的傑作。

●夏木漱石的「應急詭辯」

斥責法與道歉法

日本文豪夏木漱石的本名是金之助。他在成爲小說家之前於松山中學、五高、一高、東大等地擔任英語講師。這個例子就是發生在那個時期。

在教室有名學生聽課時把一隻手放在懷裡。漱石以責備的口吻要那位學生把手伸出來。

在旁的學生告訴漱石說：

「老師，他只有一隻手。」

這時，據說漱石回答說：

「這一點我倒不知情。對不起。但是，我既然也絞盡了沒有頭的腦筋在講課，你應該也伸出那隻沒有的手聽講吧……。」

●帕希巴爾少將的「應急詭辯」

敗軍之將談敵軍之兵

一九四二年、日本軍佔領新加坡。當時敗戰的英軍新加坡要塞司令官帕希巴爾少將接受新聞記者的訪問。

「據說閣下曾經誇下海口說一名英國兵可擊退一打日本兵。不過，這未免敗得太慘了吧？」

「問題是有十三個日本兵來攻打。」

據說英語的十三有「一打惡魔」的意思。少將說十三名日本兵，言下似乎是在暗示來進攻者皆是「惡魔」之意。

4——制敵機先的辯術訓練

如何戰勝敵人的詭辯

釋迦牟尼的智慧——「利用沉默表示同意」

既然談到古希臘及古代中國，接下來應該輪到古代印度吧。在古希臘蘇格拉底及柏拉圖、智者們活躍的時代，古代中國有諸子百家的思想。而在同一個時期印度也有各式各樣的思想家活躍於人世的舞臺。

在印度方面，我們就以衆人皆曉的釋迦牟尼—佛教的始祖爲例作介紹。

有關釋迦牟尼的事蹟中有下面的傳說：

「尊師（亦即釋尊）以沉默表示同意。」

這個慣用句，經常在原始佛教的經典中出現。譬如，曾經有在家信者前來邀請釋尊及其數名弟子隔日到自宅接受供養。

對於這個邀請，如果所回答的是「ＮＯ」時，釋尊會明確地作答。譬如，明天已有約定無法接受款待等等…。

號。

但是，若要接受招待時，釋尊往往表示沉默。因此，釋尊的沉默很明顯地，是同意的代

爲何要採取這種方式呢？

這是釋尊爲了避免說謊的緣故。佛教學者都作這樣的解釋。

「啊，好的。那麼，明天就到府上拜訪。」

如果做這樣的回答而到了明天因爲疾病或其他突發事件而無法前去拜訪時，釋尊就等於說了謊。所以，釋尊沒有做明確的約定。「藉由沉默表示同意」的用意就在這裡。

「但是，其實並不需要說得這麼嚴格吧！」

讀者們或許會有這樣的疑惑吧！我也這麼認爲。萬一隔天突然生病也是事出無奈。沒有人願意生病，因此，只要對方能瞭解原委並不追究。一般人大概都有這樣的觀念吧。

但是，請讀者們再想想我在本書開頭所談到的絕對不表示道歉的印度導遊的例子。一般人以爲萬一有突發事件而無法履行約定時，只要道歉必可得到對方的允許。

但是，這種「嬌縱」的觀念在印度的社會中是行不通的。約定就是約定，如果不履行約定，不論有任何事情都必須負起爽約的責任。這就是印度的社會。

不，不僅是印度的社會如此，歐美的社會多半亦然。也許只有東方人才會對既定的事約

不負責任吧。

毫無疑問地，釋迦牟尼是印度人。身爲印度人的釋迦牟尼並沒有只要抱歉就可以獲得允許而任意與他人約定的觀念。因此，他只好做「沉默的同意」。所謂「沉默的同意」，是向對方回答雖然有心前往拜訪，卻不明確立下誓約的表示。這完全是嚴格地考量「約定」的重要性後的回答。

不擅長打契約的東方人與西方人的常識

但是，我並不是希望各位依釋尊的方式和他人做約定。我們一般人並無法事先想到未來可能發生的狀況，嚴密地考慮各種條件後再作約定。

並不是因爲我們是凡人的緣故。當然，也不是因爲釋尊是悟道的聖者，所以能對未來的約定有周詳的顧慮。

只不過這種約定的方式在歐美的社會中已經變成一種常識。即使不是悟道的聖者，在歐美各國縱然是街坊麵包店的老闆對果菜店的菜販，也會有類似的契約行爲。

他們會預測未來可能發生的各種事態，碰到A的情況該如何，B的狀況應該怎麼辦、(3)的狀況……作好詳細的契約。這乃是歐美社會的常識。

而我們之所以不擅長這樣的契約行爲，並非東方人的思慮不及西洋人周密，而是民族性使然。

不過，我並無意主張凡事都要有周詳的契約。只不過我認爲契約本身有其好處。

以下，我以過去我和日本出版社所簽訂的「出版契約書」中的條文供讀者們參考。

日本的出版業界與作者間的出版契約，大多是根據出版協會所訂定的「出版契約書（一般用）」。此契約書總共由二十八個條文構成，最後的第二十八條的內容如下：

第28條（契約的尊重）甲乙雙方尊重此契約，對此契約所訂定的事項有任何疑慮，或對本契約沒有明定的事項意見分歧時，應以誠意尋求解決。

所謂契約——以理論來說——是對雙方的約定產生疑慮或猜想彼此的解釋、意見有所分歧時，事先給予解決的條文。在歐美社會這是一種常識，然而東方人似乎鮮少有這樣的觀念。東方人覺得契約只不過是一種約定，可以藉由口頭上的交談隨時改變。

當然，這樣的觀念是無法和歐美人溝通的。與西洋人交往時，不論發生什麼樣的突發事件，違約就是違約，如果不遵照契約書的內容實行，必定被追究違約的責任。

如果以前次對方曾經毀約，而我方不曾深究，因此，以過去的事例要求對我方本次的毀約網開一面也是行不通的。因爲，對於上回所蒙受的損害不要求賠償乃是自己的過失。此一時彼一時，兩者互不相干。

所以，與外國人交往時希望各位特別留意。面對外國人時不論是用「詭辯」或「歪理」，總之要盡量使出招數來。絕對不要客氣。因爲，即使我方客氣，對方也不會手下留情。因爲最後會蒙受損失的一定是一開始就表示客氣的人。

在我們的社會中這可能被當作是「詭辯」

既然對西洋人必須履行雙方既有的約定，那麼，東方人之間該如何相處呢……？

我並不認爲東方人之間也必須有嚴格的契約觀念。雖然東方人的社會已漸趨西化，對於契約與責任的觀念也比從前更爲嚴謹。

但是，東方社會仍然有許多「曖昧之處」，有不少情況反而是利用這種曖昧才能獲得利益。一個石頭敲不響，凡事都要有對方的存在才能成立，因此，如果只是個人嚴格地做多方的考慮，也於事無補。

以公司的會議爲例，如果平常都不按時開會的話，按時出席的人一定吃虧。在對時間沒有嚴格遵守的社會裡，即使自己一個人力行遵守西洋式的作法，反而會使神經疲勞。

所以，東方人的社會還是多少要有東方式的作用則另當別論。雖然筆者打從開始就一直談論西洋的民情習慣，但這並非是爲了教導與西洋人進行溝通的秘訣。

畢竟和西洋人有交易往來的僅是少數人，教導如何與西洋人溝通並沒有多大的助益。

我之所以引用外國的例子是想要告訴各位如果試用西洋人的嚴格理論，在我國可能反會被大家視爲「詭辯」或「歪理」。

換言之，在西洋各國視之理所當然的理論，來到我們國人之間就變成了「詭辯」或「歪理」。希望讀者各位務必認清這一點。然後再考慮東方人應有的處事之道。

以上的說明似乎有些迂迴婉轉難以明白，因此，接著我稍作整理把上述的主張作一番結論。

我們目前所謂的「詭辯」或「歪理」似乎有階段性的差別。

(a)……十足的詭辯。這種詭辯四處皆通，因此，即使是西洋人也認定它是詭辯。例—「我喜歡你。所以，你應該給我十萬元。」

(b)……雖然外國人也認爲是「詭辯」，然而在學問上卻應該說是正確的議論。例—「自然數與偶數的個數相等。

所謂自然數是指。

1、2、3、4、5、……………n、n+1、………

相對地，偶數是指……

2、4、6、8、 16 ………… 2n 、 2(n+1) ………… 、

若從自然數中去掉偶數，所剩的就是奇數。換言之，偶數和奇數合在一起就成爲自然數。基於這個觀念，自然數的個數應該兩倍於偶數的個數。然而數學家們的答案卻是否定的。他們卻認爲兩者的個數完全一樣。

從學問上的觀點而言，這是所謂的集合論，不過，一般人民並無法知其所以而認爲：「這都是學者的詭辯吧……」。這一點不論是東方人或西方人都沒有太大的差別。

(c)……西方人並不認爲是「詭辯」，然而東方人卻認爲是詭辯者。要舉這類詭辯的實例委實令人頭大。因爲，本書的目的之一就是要闡述C類的詭辯。所以，如果仔細閱讀本書應該能清楚明白這種詭辯的本質。

話雖如此，暫且以一例示之。

「你蹺課了，所以應受處罰。」這並不是什麼「詭辯」，乃是理所當然的理論。

但是，在東方人的社會裏有時認爲這也是一種「詭辯」。人們會拐彎抹角地把它描繪成具有詭辯的性質。譬如：「理論是理論，總得顧及人情世故吧。這次您就饒了他吧。蹺課必定受罰—這都是理論，社會上光靠理論是行不通的。光講理論、詭辯，整個社會就了無生趣……。」

但是，令人傷腦筋的是表示相反意見時也會變成詭辯。「你蹺課了，但是，可以不必受罰。」如果有人這麼主張時，必定遭受反駁說：「怎麼有這回事。那是詭辯。」換言之，不論說什麼都是「詭辯」。

不可能有永遠正確的命題

總而言之，在東方人的社會有些時候說什麼都是一種「詭辯」。

但是，這並不值得憂慮。反而令人覺得輕鬆。因爲，既然凡事都可能變爲「詭辯」，我們大可放心的運用「詭辯」。

說詭辯既不必感到愧疚，即使被人指責：「你所說的不都是詭辯嗎！」也可以豁然地說：「啊，正是如此。」眞的是輕鬆無比。

換言之，這種類型的「詭辯」參雜著下面兩種性質。

——眞正的詭辯。

——不是詭辯的正確理論。

不論是正氣凜然的大論或強詞奪理的歪理都是「詭辯」，因此，以相反的立場而言，我們也不必刻意提供正氣凜然的高尚宏論。

根本不必區別是否清高的言論或一派胡言，甚至一開始就可胡言亂語。因爲，結果都會被認爲是「詭辯」。

除此之外還有另一個原因——。

那就是人的語言從某個觀點來看是不完整的，本來就沒有絕對正確的言詞。

譬如，在論理學的教科書上有這樣的例子。

「富士山是休火山。」

這個命題是正確的。任何人來看這個命題都是正確的。

但是，如果有心找碴隨處都可挑出毛病。本書是在一九八八年發行，因此，正確地說在「一九八八年以後的某年」這個命題是眞的。

但是，卻没有人可以保證富士山在未來可能噴火而變成活火山。如此一來「富士山是休火山」的命題就變成暫時性的眞理，而不是絕對性的（永遠的）正確的命題。

那麼，富士山死火山呢？也許有人會反駁說：對於已經變成死火山的山應該可以說是死火山吧……，但是，死火山在過去也曾經是活火山，因此，永遠的（絕對性的）的死火山也不正確。

那麼，若不是死火山也不是休火山、活火山的山又是什麼……。對於如此執拗不休的人該如何作答呢？一點也不困難。你儘管回答說：只要經過幾億年的山也就不再是山了！

總而言之，世界上並没有絕對性—永遠正確的命題！以這樣的論法置對方於五里霧中就是我方的勝利。因爲，不論對方作何主張都無法反駁了……。

這就是「應急詭辯術」的極致。

「不要張貼海報」的告示是否正當？

或許讀者們已經被我的論法搞得丈二金剛摸不著頭腦吧。

總而言之，我所要說的是既然一切正當的理論或歪理都被混爲一談，那麼，大可毫無顧忌的利用歪理。根本不必要費盡心思想要以正當的理論說服人。

但是，很意外的是，人似乎對於一派胡言的歪理頗有共感。讀者們似乎也對我的歪理感到共鳴吧。

事實上即使更仔細地論述其中的原委曲折所獲得的結論也沒有多大的改變。換言之，這個世上不論是從橫的看或直的看、斜的看全部都是「詭辯」。若認眞的想要區分正確的理論與歪理，反而會落入歧路不得而解。

爲求證實，接著就讓各位看一個樣本吧。這個說詞有點賣弄學識的意味，不過，這個事例非常有趣，請各位就把它當成「應急詭辯術」的例子吧。

這是發生在某大學的事情，當然這是杜撰的故事。一所大學的訓導主任和學生作腦力的較量。

大學這種地方常有許多告示、海報。幾乎沒有一所大學沒有張貼海報和看板吧。大學和貼紙之間的關係等於是梅花和黃鸝鳥一樣。

這所大學的訓導主任非常討厭張貼海報。他命令事務組的職員們把走廊上的貼紙、海報全部拆除，然後貼上下面的一張告示。

「本走廊禁止張貼海報——訓導主任」

行文至此賢明的讀者們應該已經察覺到這個事件的演變吧。大學生可不是好惹的。他們一看到這張告示立即開始攻擊。

翌日，走廊上又增添了另一張告示。

「本走廊禁止張貼海報—這張海報也禁止。正義的同伴＝月光假面」

而在翌日又出現了另外一張告示。

「禁止張貼『本走廊禁止張貼海報』」的貼紙——這張貼紙也在禁止之列。忍者龜。

然後，又過了一天，牆壁上又出現了下面的告示。

「禁止張貼『本走廊禁止張貼海報』的貼紙—這張也在禁止之列」—這張貼紙也違法。日本最大的偉人＝松下幸之助

這樣的張貼接連地出現在走廊上，結果這所大學的走廊又變成貼紙的天下了。這正是我們所研究的事件的經過。那麼，我們就根據這個事例來檢討各種「道理」（詭辯）。

如果不是告示紙而是告示板？

第一個所想到的道理大概是「始作俑者的訓導主任不對」。

因爲，他既然想禁止在走廊上張貼海報，不應又以告示的貼紙破此禁令。

處事應該以身作則的訓導主任既然有這樣的舉動，無怪乎學生會群起反抗。所以，自然會出現這樣的「道理」（詭辯）。

而這個道理正是認同了學生們的「應急詭辯」。

爲什麼？因爲這是用在牆壁上張貼海報以對主張「本走廊禁止張貼海報」的訓導主任竟然也張貼海報告示「本走廊禁止張貼海報」的舉動。

換言之，這場張貼海報戰爭中是學生獲勝—訓導主任落敗。

那麼，訓導主任是否就此打退堂鼓？

如果就此打退堂鼓就没戲可唱了。正如在此之前我一再主張的，不論是運用「詭辯」或任何手段，訓導主任應該給予反駁。否則輸得也太簡單了。

那麼，該如何轉敗爲勝呢？

首先必須掌握最初問題的源頭。

這個源頭假設是「告示板」。換言之，訓導主任再一次把全部的海報撤消，然後在走廊上放一塊「告示板」。告示板上寫著：

「本走廊禁止張貼海報——訓導主任」

這塊告示板絕對不是貼紙。腦筋再怎麼聰明伶俐的大學生，再也無法從中吹毛求疵了吧。

如此一來，第二回合的交戰是訓導主任獲勝—變成學生落敗。

利用擴大解釋的「應急詭辯」

但是，問題還沒結束呢！

如果因爲一張告示板的登場就結束了，戰爭也未免太草率吧。第一個原因是其中並無論爭。既沒有「道理」也沒有「詭辯」。

本書是以提倡「詭辯」爲宗旨，因此，在這個階段如果學生甘敗下風這段戲就唱不下。以筆者而言也失去了立場。筆者所期待的正是學生們的反擊。

不，與其說是反擊，毋寧是從這個階段開始來思索如何運用「詭辯」。當對方拿出「告示板」的超級新武器時，就已發揮了「應急詭辯」的眞價。否則根本無法察覺「應急詭辯」的好處。

那麼，該如何使用「應急詭辯」……？

事實上有關如何使用「應急詭辯」的運用技巧，我打算在第二章作詳細說明。但是，我可不願意冠上臨陣脫逃的罪名，因此，就以提供第二步材料的觀點在此列舉二、三個「應急詭辯」吧。

「告示板是用三夾板作成的。三夾板的原料是紙漿。而紙也是由紙漿作成。因此，廣義來說告示板也是貼紙。」

這就是所謂的擴大解釋。

一般人常使用擴大解釋。而且，如果不允許某種擴大程度解釋的人，並無法在這個社會和平相處。

雖然有些公寓住宅規定不可飼養貓犬等家畜，但是，「貓犬」並沒有限定是狹義的貓和狗。如果限定的話就變成可在公寓的陽台飼養獅子或麒麟。因此，以常識而言「貓犬」之中還包含了獅子或紅猩猩。

基於這樣的立場，「貼紙」之中也可包含告示板。所以，利用擴大解釋論給予反駁也是一種聰明的「應急詭辯」。

問題是擴大解釋所被允許的範圍如何。在對方提出告示板、告示布條的階段是可允許擴大解釋，但是，如果提出告示鐵板時該如何？如果硬擴大解釋說紙和鐵都是物質不是「精神」，大概就變成了「胡說八道的歪理」了吧。

張貼戰爭中的最後王牌

因此，當對方以鐵板應戰時，我方就必須利用目的解釋作支援。到底貼紙的目的是什麼？大概是爲了向他人傳達某種情報才叫做「貼紙」吧。

「這麼一來，雖然訓導主任在走廊所張貼的很明顯的不是『貼紙』……。然而訓導主任本身卻犯下禁令。」

以這個方式給予反駁就行了。訓導主任到了這個地步不得不只好舉手投降。

但是，其中也有不明事理的人，他們把根據目的作解釋的正當反論（的確是「正正當當」的作法），硬批評說是「胡說八道」「詭辯」而不願意認錯。世界這麼廣大，到處有奇怪的人。

碰到這個狀況該如何應對？

怕什麼！簡單的很。

你如果用奇異筆在牆壁上塗寫：「徵求愛人！徵求者是有一個兒子的大學生，無經濟能力。對方即使是男子也無妨。」儘管直接地在牆壁上書寫這樣的廣告吧。因爲，這絕對不再是貼紙……。

這是第三個作法。可以把它稱作急智反擊吧。若提起急智乃是大學生們的擅長。

另外還有一個方法。

「本走廊禁止張貼海報——訓導主任」

碰到這樣的鐵板時該如何？這時應立即給予拍照存證，學生拿這張照片向家長會抗議。抗議的內容如下——。

「我國的憲法明言指出：保障一切集會、結社及言論、出版的自由。因此，剝奪我們張貼海報的行爲是束縛自由表現的作爲，訓導主任的禁令違反我國憲法。因此，我們要糾劾訓導主任。訓導主任必須向我們謝罪！同時，要在走廊上張貼表示謝罪的貼紙！學生自治委員會萬歲！」

各位您覺得如何？您不覺得這正是「應急詭辯」？

「招牌事件」的判決實例

以上是我擅自捏造的「貼紙合戰始末記」。不過，這大概是結構並不太完整的虛構故事吧。

俗話說「事實比小說更爲神奇」。這是指現實社會中有許多光怪陸離的現象，遠比大作家所虛構的波瀾萬丈的故事更令人拍案驚奇。既然大作家都遠不如事實的離奇，現實社會中到處都有比吾等平凡之輩，所捏造的故事更爲狡詰的「應急詭辯」。

事實上在一九七三年一月，日本東京都大田區發生了一件有趣的（？）事件。據說報紙上的標題是「直立招牌事件」。在『月刊百科』一九八〇年三月號有這個裁判經過的記載。

接著就爲各位介紹。這是法院利用「應急詭辯」的實例。

首先，把問題所在的「侵犯罪法」的第一條三十三號列舉如下。觸犯該法令者必須被處以拘留或罰款之刑。

三十三　任意在他人的住宅或其他的工作物上張貼海報，或拆除他人的招牌、告示牌等標示物，或污損這些工作物、標示物者。

事件的起因是H夫婦在把一個高一、六公尺的直立招牌用繩索綁在東京都大田區馬路邊由東電廣告公司所管理的一根電線桿上。這個行爲是否觸犯了「輕犯罪法」中（任意張貼海報）的法令，在法院起了一場大爭執。這個事件經過六年半之後終於在一九七九年十二月二十五日的一審獲得了結。

首先，法官所下的判斷是：「雖然直立招牌並不一定具備有海報的形狀，但是，這兩塊長方形的看板外緣有紙條封住，因此算是個（海報）」。

其次是以「張貼」的行爲問題。「（張貼）是指用漿糊、釘子、繩索等把紙張、木板附著在其他物品上的一切行爲，並不問附著的程度。直立看板立在電線桿上，只要用紙帶綁住避免其傾倒就等於是（張貼）」這段說詞是法官的「詭辯」。很明顯地在這個階段法官運用了擴大解釋。

因此，法官的結論是——「即使是直立看板，若擅自綁在電線桿上就變成（張貼海報）

」。

這個裁判所花費的訴訟費用是五萬三千六百元。據說其中四萬八千九百元是由H夫婦負擔。罰款是四千元，加上十倍變成四萬元。不過，我非常欣賞像H夫婦這樣的人。如果世界上有許多這樣的人，那麼這個社會就能更加的運用「應急詭辯」。

巴德藍特・拉西爾的階MNG

如果本章就到此爲止，那麼，本書不過是平凡的詭辯之書，和一般性質類似的書籍大同小異。

因此，爲了證明本書所具有的幽默感，接著我想反過來擁護訓導主任的立場。在現實的人生中忽左忽右的作爲並不容易，但是，爲了作知性的訓練，改變立場去判斷事物，並不是件壞事。而且，若要學習「應急詭辯」讀者們本身平常也應該作這樣的遊戲。

事實上訓導主任所張貼的「貼紙」——「本走廊禁止張貼海報」的「貼紙」——並不是「貼紙」。若是一流的論理學者都明白這一點。一流的數學家從其常識中也知其所以然。可惜的是社會上並不以此爲常識，不論是論理學者或一般人都毫不知情。即使是數學家若沒有學過數理哲學（數學基礎論）的艱深學問，也無法明白其中的道理。

首先明確地指出「禁止張貼海報」的貼紙並非「貼紙」的是英國的哲學家、數學家巴德藍特・拉西爾。他提出階型理論 the theory of types 的理論解開了這個難題。

……，請不要緊繃著一張臉。只要聽我的解說看似艱深難解的階型理論也能迎刃而解。而且，筆者的解說非常高明，讀者們亦可輕易地理解。

各位若聽下面的說明應該會茅塞頓開吧……。

事實上我在小學的時候發現了一個問題。人的胃袋——並不一定是人的胃—會溶解所有的肉類。

書本上告訴我們說胃袋裡有分解蛋白質的酵素，那麼，為何胃液無法溶解由蛋白質所形成的人的胃呢？這是我的疑問。

我向小學的老師發問，然而老師也不太清楚。

「它的構造就是不會把我們的胃溶解掉。何必擔心呢。」

老師給了我一個莫名其妙的答案。其實還是小學生的我，一點也不擔心胃液會把胃溶掉，我記得因為這個回答而輕視老師缺乏學問上的良心。

不過，現在我再一次請教專家時，專家如此告訴我：

——胃液之所以能消化肉類，乃是根據分解酵素中的胃蛋白酶和鹽酸（胃酸）的機能。同時，胃液中含有黏液素，這個黏液素可以保護胃的黏膜，防止胃蛋白酶所造成的黏膜的自我消化。

這段話中有許多專有名詞，不過，總之胃液的組成及其機能是不會使自己的胃溶解。小學老師的說明反而較容易了解。經過三十多年後我才對小學恩師刮目相看而感到佩服。

「無例外的規則」的規則

話題似乎扯遠了一些，不過，胃袋的問題非常重要，在此它和貼紙的問題密切相關。換言之——胃袋不會溶化自己的胃袋。姑且不論是什麼樣的結構組織，總而言之，事實就是如此。雖然可以溶解別人的胃袋，卻不會使自己的胃溶化。各位就把它當成這是自然界的法則吧。

而在論理學的世界應該也有與此相同的法則。換句話說，「禁止張貼海報」的禁令並沒有波及自己本身「書寫（禁止張貼海報）的貼紙本身」。

爲何不這麼想不行呢？請不要提出這樣的問題。碰到這樣的問題，正如解釋胃液的機能時必須引用胃蛋白酶或黏液素等學術用語，必須裝模作樣地作義正嚴詞的說明。

但是，即使作學術上的說明，結論也是一樣。總而言之，胃的機能構造非常巧妙，它不會溶解自己的胃。

就以語言的世界而言，語言也不會使自己本身受到束縛——就是這樣的觀念。小學的老師曾說：「何必擔心呢！」自己本身必須置之度外——符合這個規則的事理似乎隨處可取。

譬如，「上課中不可講話」，老師所說的這句話絕對不是他自己所說的講話。

在軍隊中隊長發號司令說：「向右轉！」但是，隊長並不需要向右轉，因爲，這道命令和自己本身無關。「什麼話都不要說，只管靜靜地聽爸爸說話。」說這個命令的父親如果順從自己所下達的命令，那麼，到底是誰說話呢。

「沒有無例外的規則。」

這是個有趣的例子。「沒有無例外的規則」本身就是一個規則（爲了避免混亂，將規則與規則分別表示）。因此，這個規則適用此規則，如果說「沒有無例外的規則的規則也是一種規則的話，其中就有例外」，因此，「沒有無例外的規則」本身就有例外，換言之，變成了「有無例外的規則」。

各位看懂了嗎？雖然顯得有點複雜，不過，我所說的並不是什麼艱深的道理。總而言之，如果在「沒有無例外的規則」的規則上是用這個規則就奇怪了。

所以，所得到的結論是這個規則（自己本身）並不可適用此規則。這是自古以來相當著名的古典逆說法。

「強者必勝」的理論太無聊

總而言之，正如胃袋不會消化胃袋自體（自己的胃袋）一樣，「禁止張貼海報」的禁令並不適用於本身的告示紙。這在現代的理論學上已經是一種常識。

那麼，結果會如何呢？

很明顯地是訓導主任正確。換言之，

「本走廊禁止張貼海報——訓導主任」

他即使張貼這樣的貼紙也沒有罪過。縱然學生們指責說：

「那張禁令本身不也是（貼紙）嗎？」訓導主任可以堂而皇之拍著胸脯回答說：「這張『貼紙』並不在『禁止在走廊張貼海報』所說的貼紙之列。根本不須慌張地改用告示板之類的姑息手段。

如此一來問題又回到開頭。如果再議論下去只會變成東方人所擅長的「各執一詞」。反正結論一定會變成互不交叉的平行線。到了這個時候結果仍然是權勢較強的人獲勝。

如果學生方面的氣勢龐大，走廊必定再度變成貼紙的天下，如果學校方面的權威較強時，學生們只好舉手投降。

反正這個社會是強者主宰的時代。所謂的強者是指有財勢的人。只要有錢在資本主義的社會中什麼都辦得到。

想到這一點委實令人感到沮喪。所以，我們決定在這個司空見慣的結局之前引導出另一個結論。

任何事情都可自圓其說——。

若可以自圓其說最好往自己有利的方向做主張。根本無須落入對方的圈套。只管以自己的基準做對自己有利的主張。

事實上，這種主張的技術正是我一再論述的「應急詭辯」。想到這一點就不必在意「詭辯」所帶有的不良印象了。因爲，對方的說詞歸根究底也是一種「詭辯」。

因此，我們可以毫無顧忌地運用「應急詭辯術」。這就是本章的結論。

註記——「貼紙」的問題非常重要，似乎有從原理上作解說的必要。因此，筆者在本書的第二章設立「發言者與發言內容不一致——雙重標準的方程式」的項目給予解說。在意語言上的問題的讀者請先閱讀第二章的內容。

5——操縱數字魔術的訓練

說謊的技術．拆穿謊言的方法

平常的謊言與眞正的謊言

著作『湯姆歷險記』、『王子與乞丐』等名著的美國作家馬克吐溫，曾經說了這麼個有趣的話。

謊言這種東西不可隨便使用。因爲，不知道什麼時候需要它。」

我覺得他說的頗有道理。

某年冬天，正在流行感冒的時候，我以傷風感冒爲由請了一天假。我只休息一天，隔天就準時上班，但是，經過數天大家都因流行性感冒而休假。療癒較快的人請三、四天，較難痊癒的人則請假一個禮拜。

糟了……然而已爲時晚矣。我爲了一天的假期而浪費了謊言的重要價值。這個謊言至少可以抵三天的假期…。

盲腸動手術——如果胡亂使用這個謊言事後必定後悔。不得不必須動盲腸的手術時該怎麼辦……。

馬克吐溫曾經說：

「我經常被數字這種玩意所矇騙。尤其是自己在排數字的時候。這時我會深切地體會到迪茲雷利所說的那句話果然不錯。『謊言有三種。平常的謊言、眞正的謊言、統計的謊言』。」

看到這段文字時我才恍然大悟。因爲，我在大學選修統計學時，當時統計學老師也說同樣的話。那位老師難道是引用迪茲雷利（十九世紀英國的政治家、小說家）的話？然而我卻覺得他說話的樣子彷彿是自己的體驗一般……。

我已經記不得那位老師的名字，更何況是課業的內容。所以，也許老師也曾提到迪茲雷利的名字吧。

平常的謊言和眞正的謊言有何不同呢？

平常的謊言——諸如「我的太太是美人」之類的話語。這種謊言既不會傷害到自己的妻子，也不會給第三者添加麻煩。平常的謊言比較沒有損利關係。

眞正的謊言——這到底是什麼？「我還沒有讀過『資本論』的第三卷」就是其中一例。如果是沒有讀過『資本論』第三卷的人說的——『資本論』全部共有三卷——這句話就是眞的。

不過，有人刻意說這句話時，聽起來彷彿是他已經讀過『資本論』的第一卷、第二卷。任何人聽到了這句話都會這麼覺得。但是，事實上他連『資本論』第一卷的第一頁也沒有讀。然而他卻說：

「我還沒有讀過『資本論』的第三卷……」

這句話本身並沒有虛假。但是，這很明顯地是句謊言！

這就是所謂的眞正的謊言。

利用統計的詭辯家

上述的眞正謊言在我們的「應急詭辯術」中利用範圍非常廣泛。譬如：「最近好忙啊！這個月還沒有上過酒吧。」

這個說詞並不虛假。即使你從未涉足酒吧，你也沒有說謊。因爲，事實上的確沒有去過酒吧。不過，你倒是說了一個眞正的謊言。

可能被父母責備不用功的中學生，也可以用這個說詞制敵機先。

「我有二、三天沒有翻英文的教科書了……。但是，我今天會看哦。」

如此一來大概不會被說教了。

由此可見，眞正謊言的利用價值非常大，我們將在第二章再度檢討其利用的方法。現在我想針對迪茲雷利所說的第三個謊言、亦即統計的謊言作一番考查。

統計的謊言——。首先我們來看其典型的例子。

「美西戰爭中，美國海軍的死亡率是每一千人中有九人，而在同時期紐約市的死亡率則是每一千人有十六人。結果美國海軍的徵募官，最近利用這個數據宣傳加入海軍較爲安全。」

這是統計學家達雷爾・哈夫（Darrell Huff）所舉的例子。

紐約市因爲有殺人事件、車禍等，比在軍隊更爲危險——也許以現在的美國而言這並不是不可能的。但是，當時是美西戰爭（美國和西班牙的戰爭）的時代。

美西戰爭是在一八九八年爲西班牙的殖民地古巴的獨立問題，美西兩國間所發生的戰爭。這已經是一世紀以前的事了。當時的紐約會有交通事故嗎……？

事實上，海軍的軍人都是年輕健壯的青年所構成，在統計上就隱藏著玄機。因爲，海軍所招募的成員都是身強力壯，除非有萬一，否則不會猝死的人。

相對地，紐約的市民中不但有老人，還有剛出生的早產兒，這兩者間的比較本來就是以死亡率較高的集團與死亡率較低的集團做比較，因此並不公平。

但是，統計的謊言並沒有指出問題的所在，只是把資料呈現出來，往自己有利的方向下結論。這一點可千萬留意。

「偶然」是經常被利用的手段

那麼，我們在「應急詭辯」中就應該大大地活用統計的謊言。因爲它絕對沒有任何虛假，然而卻是最有效謊言。

譬如，A教授感嘆最近的年輕人在性道德方面的墮落，碰巧他在某大學擔任課任講師（並非自己所專任的大學）的班上只有三名女學生。

假設其中兩人是未婚媽媽。A教授知道這個事實。那麼他可以如此感嘆說：

「最近的女學生變成未婚媽媽也無所謂的樣子啊！根據我的調查大約有百分之六十七的女性是未婚媽媽，這是某大學的調查結果。資料是不會說謊的。」

他所說的話的確沒有虛假，然而如果A教授是女子大學的專任講師，在數百名女生所在的自己的大學，大概無法這麼輕易地做出統計吧。而且，即使花下大筆費用進行調查，在這些女學生之中也不可能有百分之六十七的未婚媽媽吧。

所以，他並沒有這麼做，而是選擇只有三名女學生的特殊集團，並利用碰巧其中二人是未婚媽媽的偶然爲自己做有力的例證。很明顯地這是「詭辯」。

不過，請讀者們不要誤會，我並不認爲「詭辯」不好，其實正好相反。

我之所以介紹這個例子，就是要讚美利用「應急詭辯」的A教授。而且，我倒認爲被「

應急詭辯」欺騙者，那應該是被欺騙者自己不對。這種說詞也許會受到多數人的斥責吧！

不，這樣的說詞還算是溫和的。不認識「應急詭辯」的人的確是受「應急詭辯」所欺騙的被害者。而且，他們是連自己被矇騙了都還不知情的可憐被害者。

法語稱不知道自己的妻子紅杏出牆的男人爲 Cocu ，而不知道被「詭辯」所矇騙的人該如何稱呼呢？

問卷調查可利用選擇的手法任意操縱

假設想要得到「最近的人渴望公寓生活」的結論時，可依左列的問卷調查的內容動手腳。結果可得到下列的數字。

（問題）想住在什麼樣的家？

①平　房　二〇％

②二樓蓋的房子　三〇％

③三樓蓋的房子　一〇％

④公　寓　四〇％

看這些數據，的確希望住公寓的人最多，所以，似乎可以得到一個結論是「人們渴望公寓生活」，當然，這也是一種「詭辯」。

賢明的讀者大概不會被這個「詭辯」所矇騙吧！

衆所周知的①②③都是渴望住在獨棟房子的人，因此，合計起來應該有百分之六十的人口，因此可得到如下的數據：

獨棟房子　六〇%

公　寓　四〇%

結果變成渴望公寓生活的人較少。

根據這個例子，我有另一個想法。

我懷疑在政治性的場面中，我們是否被與此類似的「詭辯」所矇騙了呢？在政治的世界中右派之間若有一點共通之處則會組成同伴，而左派只要有一點不同立即分裂——一般人都這麼認爲。觀看現狀我認爲也的確是如此。

而執政黨、在野黨似乎反應著右派與左派的差別。

所謂的在野黨似乎像是爭執著是要蓋平房或是蓋二樓一樣。由於只在這些小事上爭執，因此永遠無法掌握政權。

不過，事實上在野黨本身的命運就只能在這些小事上爭執。爲何說那是他們的命運呢？請看下面的說明吧。

舉行會議時若碰到想要變更現狀或慣例的問題時，往往無法達成一致。譬如，在上班開始時間是九點的公司，有人提出變更上班時間的議案，假設有九點十五分、九點半、十點三個方案。

如果是十點的方案，下班時間則從五點延至六點，這麼一來想要早點下班的人就無法贊成十點的方案。稍微晚一點倒無所謂，然而絕對反對延後下班時間一個鐘頭。

這時如果以贊成人數爲問題，結果必定得到和前述的住宅問題相似的比例。換言之，所得到的問卷調查如下。

①九點的方案（依現狀）　四〇%
②九點十五分方案　三〇%
③九點半方案　二〇%
④十點方案　一〇%

根據這個資料，大家所渴望的是依照現狀。依照現狀而行的是執政黨的立場，在野黨方面注定要分裂。

因爲，雖然在野黨同樣是反對依照現狀而行，然而，反對的方式各自不同，因此難以獲得共識。

其中所隱藏的玄機似乎就是現代政治狀態的「詭辯」。這倒是個有趣的問題。

反負為正的詢問術

以上所談的是問卷調查中所選擇的問題。根據上述的例子會令人覺得只要巧妙地在內容選擇上動手腳，在問卷調查中也不無可能得到正好相反的結論。事實大概如此吧。

接著，我們來引用約翰・可頓在其著述『異文化間溝通』中的內容。

拉丁美洲中最活躍的指導者之一、傑力歐巴爾卡斯被二次選為巴西的總統時，以自殺表示辭職。在其生平有一次他問群衆說：「與我為敵的人都說我盜用公款。但是，各位國民，如果公款被盜用，大家會渴望被誰盜用呢？」這時群衆間起了歡呼聲。巴爾卡斯並非平凡的人物，能夠在這個時候受到群衆的歡呼除了天賜的恩寵外，似乎還須具備的某種魅力吧。

很明顯地這是詢問技術的問題。如果巴爾卡斯總統做下面的質問時結果如何呢……。「是否可以盜用公款？」

大概沒有人在聽到這個問題後會回答說：「請儘量去做吧。」因此，他不做這樣的詢問而說：

「如果有盜用公款之事，是我還是我的政敵盜用較好呢？」

因爲這句話讓民衆認同其盜用公款的罪行。這分明就是詢問法的問題，亦即修辭學上的問題。

筆者曾經聽到這樣的例子。

據說某報社進行輿論調查後，該報社的主管們不滿意調查的結果，因此，從新進行問卷調查而得到完全不同的結論。我想這大概是輕而易舉的事吧。

譬如，我們來想想一九七八年到七九年間日本職棒選手江川騷動的事情。

當時的輿論很明顯地都責難江川選手和讀賣新聞巨人隊的專斷自爲。但是，即使在那個時候我認爲有辦法做出支持江川選手加入巨人隊的問卷調查。

只要問卷中採用下列的疑問就行了。

●您贊成江川選手永遠被日本職棒球壇驅逐門外嗎？

●如果江川選手必須選擇加入美國球團或加入讀賣巨人隊時，您贊成哪一個？

若以這樣的詢問方式，應該會有許多贊成江川選手進入巨人隊的人。當然，這全屬假設的話……。總而言之，問卷調查可利用內容的挑選方式，而刻意地製造出差距頗大的結論，這是不容置疑的事實。

自然現象也不可盡信

月份別的年平均氣溫（1981）　單位（℃）　〔'41 ～ '70 年的平均〕

	1月	2月	3月	4月	5月	6月	7月	8月	9月	10月	11月	12月	平均
稚內	-5.8	-5.6	-1.7	4.2	8.7	12.4	16.7	19.2	16.4	10.6	3.1	-2.8	6.3
東京	4.1	4.8	7.9	13.5	18.0	21.3	25.2	26.7	23.0	16.9	11.7	6.6	15.0
大阪	4.5	4.9	8.0	13.9	18.6	22.5	26.8	28.0	23.9	17.6	12.1	7.0	15.6

月份別的年平均氣溫（1982）　單位（℃）　〔'51 ～ '80 年的平均〕

	1月	2月	3月	4月	5月	6月	7月	8月	9月	10月	11月	12月	平均
稚內	-5.7	-5.6	-1.6	4.3	8.7	12.4	16.8	18.9	16.4	10.6	3.2	-2.3	6.3
東京	4.7	5.4	8.4	13.9	18.4	21.5	25.2	26.7	22.9	17.3	12.3	7.4	15.3
大阪	5.6	5.8	8.3	14.5	19.2	22.8	27.0	28.0	24.1	18.3	12.7	7.8	16.2

除了問卷調查之外，一般的統計也可能任意地操縱以得到所希望的結果。筆者曾經和經濟企劃單位共同研究有關印度的政治、經濟問題。

當時，該單位的人告訴我說：所謂的經濟成長率是先由內閣決議百分之多少再根據所決定的數字把資料湊合而成。

聽了這番話我感到大爲驚愕。他看到目瞪口呆的我接著又說：

「有什麼好奇怪的。統計這種東西是可以任意做出數字來的。」

當時我還年輕，對這番話我還難以置信。但是，當我漸漸地明白塵世的詭譎之後，才恍然地知其所以然。

當我終於明瞭其中的道理後，不經意地看到『日本理科年表』，而察覺到一個有趣的事。『理科年表』是東京天文台所編撰的，每年都由丸善公司刊行，我買了一九八一年版及一九八二年版。結果我很好奇地想比較出這兩本內容有何差異，因此，做了各種比較之後，找到了另人驚訝的差別。請參照前表。

表上所列舉的是北海道的稚內與東京、大阪的每月平均氣溫。東京、大阪是都市型氣候，近年來，冬天的氣溫顯著地上揚。爲了和都市型氣候相比較而列舉了稚內的平均氣溫。

從表中我們可發覺稚內的年平均氣溫沒有差別。但是，東京卻高零點三度，大阪則高零點六度。

這個平均氣溫表每十年改變一次，一九八一年版是使用一九七一年所改訂的數字，而一九八二年版則是刊載一九八一年改訂的表格。各個表都記載過去三十年來的平均値。但是，和一九四一年到一九七〇年的數字相較，一九五一年到一九八〇年的冬天平均溫較高。因此，才有這樣的出入。

換言之，就連自然現象也會造成統計值的變動，更何況是社會現象常攙雜了主觀的因素。因此，即使是統計似乎也可以根據各人的喜好規納出數字來。

有此可見，我們不應該過度信任數字。而最好的方法是希望各位不要相信數字而信賴自己的良知，並且從平常開始就應磨練自己的良知。

譬如，腦中要抱著一個觀念就是政府永遠是想要欺瞞國民的。這是一種良識。若具備這種良識，我們才不會輕易地陷入統計的陷阱。我們千萬不可想要相信根本不足爲信的事物。

這就是本章的結論。

6——磨練幽默技術的訓練

擅長道歉者是詭辯專家

勞資交涉席上掀起了歡笑聲

這是發生在作業員三百名左右的一家中小企業的例子。當時公司方面和勞工組織正進行薪資調整的交涉，不過，氣氛並不那麼僵硬。勞工委員長說：

「總而言之，我們的生活非常困苦，而且，從四月份開始鐵公路的運費又要上漲了。民營公車有一天也會上漲，聽說國營鐵公路的漲幅是百分之十八，往返一趟車程等於是漲了百分之三十六，這樣我們怎麼生活啊！」

「喔！往返一趟就變成百分之三十六嗎？」

「嗯，是的。」

面對公司高級主管的發問，勞工委員長理所當然的表情回答。結果，不論是公司方面或勞工組織方面所有在場的人都哄然大笑，但是，只有勞工委員長一副狐疑的表情。他似乎對自己的發言堅信不疑。

交通費漲價百分之十八，不論是單程或往返同樣是百分之十八，然而他似乎沒有查覺到連小學生都能明白的簡單問題。

過了一會兒，據說好不容易發覺自己過失的委員長苦笑著說：

「啊，眞對不起。不過，我們的生活的確太苦了。」

這是絲毫沒有故弄玄虛的幽默。

雖然雙方的交涉中並沒有緊張的氣氛，不過卻也因爲這場哄堂大笑而使交涉順利進行，不久即達到勞資雙方的協定。

一般而言，東方人較不懂幽默，而西洋人幾乎可以說是沒有幽默就打不開話匣子。在他們的談話中，幽默是不可或缺的要素。缺乏幽默的談話彷彿是沒有鹹淡的料理一樣，一點也無法令人產生食慾。

那麼，爲何東方人不擅長幽默呢？

原因正如本書開頭所述的，東方人多半以爲即使保持沉默，對方也應該瞭解自己的心境——想說的事。我即使一句不說，你也會明白我的心意、心中所想的事吧……。

對東方人而言，這是最高的領悟法。在彼此交談之前，雙方的感情已經緊密地結合在一起。

「什麼！爲什麼那種事必須一一說清楚才能明白呢？」

「這不是太見外了嗎？難道要我說的那麼露骨？」

「我不想再說了。如果這樣還不明白的話就完了。」

上述似乎是我們經常使用的語句。通常說這些話的前題是雙方在開始語言的溝通之前，彼此已經有感情上的聯繫。

語言是在有感情上結合的前提下才會發生作用。因此，東方人似乎認爲語言只不過是一種補助性的要素而已。

不過，在西方的社會，談話者之間事先應沒有感情上的結合，說話者必須藉由語言建立雙方感情上的結合。

換言之，西洋人必須藉由語言才能製造出東方人一開始所擁有的氣氛。而其手段就是幽默。

所以，西洋人需要幽默感，而且是在所必要，因此竭盡思慮以提高其技術上的效果。但是，東方人卻因爲並不太需要幽默感，而始終無法表達幽默。

幽默的本質是詭辯

話雖如此，東方人也日漸有所轉變了。尤其是都市人的生活已大爲轉變。

正如馬克斯所說的，生活改變意識也必然改變。東方人對事物的觀念也有極大的轉變，而且變得非常多樣化。

在這種狀況下，似乎很難期待像從前一樣在溝通之前，交談者彼此就擁有的感情上的結合。

「看著我的眼！什麼都不要說。」

保持沉默而能彼此理解，這對初次見面的人而言已經是不可能的了。譬如在勞資交涉的場合，雙方多半是初次見面，而且是利害相反的人。無論如何必須打開話匣子進行溝通才能理解彼此的立場與意圖。

從某個觀點而言，東方的社會已漸趨西洋化。在這種社會的變遷下，令人深刻地發覺到今後對幽默感的必要性。

完全不認識的人而且處於對立的狀況下要進行談話時，首先必須以幽默感緩和雙方的緊張。若能藉由笑聲使場面變得緩和，雙方的談話就較能順利地進行。笑聲具有製造充裕感的力量。

不過——。老實說所謂的幽默感，實際上就是「應急詭辯」。反過來說，巧妙的「應急詭辯」就變成幽默。

譬如，剛領到駕駛執照的女性要開車送你到車站。然而到車站只須步行十五分鐘。

「不，謝謝。」

你表示婉拒。因爲，到底還是擔心駕駛中會出差錯。
「唉呀，難道你擔心坐我的車性命不保嗎？」
那位女性不放過你，而且她是經理的太太。這時，你說：
「不，我沒有這個意思。那麼就不客氣讓妳送一程了。」
這種說詞平淡無味。雖然不爲自己辯解則難以釋懷，不過，無論怎麼說結果都是一樣。因爲，開頭所說的「不，謝謝。」這句話已經影響到整個場面的溝通。
碰到這個時候，若是我會這麼說：
「不，謝謝。」
「唉呀，難道你擔心坐我的車性命不保嗎？」
「不，性命倒無所謂，如果能和夫人一起赴西天倒是我的榮幸。只不過，如果斷手斷腿活下來反而受罪……。」
「沒問題。我一定讓你一命歸西。」
「那麼，就不客氣讓你搭載一程了。」

具有「誠意」的詭辯才能說服人

我常說幽默的本質是「應急詭辯」。其實，也許「應急詭辯」才是幽默吧。總而言之，幽默和「詭辯」之間是有共通之處。

話雖如此，還有另一件重大的要素，如果缺乏這個重大的要素，「詭辯」就無法變成幽默了。

那就是「誠意」。

假設和情人約會而遲到了。大約遲到了四十分鐘。癡癡等待的女朋友在這個過程中一定想像各種狀況而爲你感到焦急。

該如何辯解……？

我想辯解的方式應該不一而足。說謊也是方法之一。我並不認爲說謊有何不對。

「我正要出門的時候一個火星人來到家門口。長著一臉河豚模樣的那個火星人，告訴我說搭回火星的飛碟發生了故障……。」

即使說這樣的謊話也無所謂。但是，爲了讓這個謊言變成「應急詭辯」說話者必須具備誠意。

若沒有反省過失的誠意，再怎麼應用「應急詭辯」也無法使對方心服。

我想起從前一件事。約會遲到的女朋友雖然只遲到了五、六分，卻匆忙地說：

「對不起，我爲了早一分或十秒到達，我在電車裡跑起來……也許不跑反而還好……？」

我對物理學並不拿手，因此被她的問題所矇騙了。當我們的談話演變成在太空船裡頭開槍是否能使太空船的速度加快……之類的問題時（雖然不擅長物理學，從前的我卻非常喜好這類謎語似的問題。所以，對女朋友滔滔不絕地論說起來）竟然忘記了她的遲到。

事情也就這樣愉快地結束。

在東方的社會，雙方的誠意是解決事情重要的關鍵。

以具有幽默感的話語謝罪的小學生

以上，就是謝罪時的要領。

事實上我就是以謝罪的問題打開本書的序章。在文頭我提到遲到兩個鐘頭卻不謝罪，而運用「應急詭辯」的印度人的例子。

不過，在我們的社會對於自己的過失還是先表示道歉比較好。應該坦率地承認自己的過失向對方致歉。如此一來人際關係較能順暢。

既然如此，我們的社會是不是就不需要「應急詭辯」？

不，答案是否定的。

我認為在謝罪的同時，應該使用「應急詭辯」。換言之，最好用「應急詭辯」表示謝罪。

「我在電車中跑步……。」

這個說詞就是利用「應急詭辯」的謝罪。即使在電車中跑步也不可能使電車早點到達目的地。這種事不用說大家也都知道。

然而，雖然明明知道這個道理卻還說出口，就是「應急詭辯」。其中帶有幽默感，還具有他的誠意——讓對方等候良久，自己也有覺得不安的心情。這一點非常重要。

現代的年輕人最不擅長的大概是利用這種「應急詭辯」來表示謝罪吧。年輕的上班族不懂該如何謝罪，只會爲自己辯駁。

「你別只會說別人的不是！自己還不是曾經遲到過。」

這樣的說詞會演變成爭吵。不論有多麼有理的反論，在自己做錯事時那些反駁的言詞只會變成「歪理」。

「應急詭辯」是幽默，若能使用具有幽默的「應急詭辯」向對方謝罪，對方必定也能心無芥蒂地表示寬恕。鮮少有人會想徹底捉弄已表示抱歉的人。

而且，當對方以「應急詭辯」表示謝罪時，當事者即使有所微詞也不必掛意。碰到女性被斥責時，變得沉默而飲泣最令人傷腦筋，這會使斥責的當事者感到難堪。

當然，即使是年輕的上班族也是一樣。有許多人被斥責後就沉默不語，這對斥責的當事者是很難應付的場面。

他會使當事者擔憂是否自己的責備使對方當成惡意。

所以，如果對方用「應急詭辯」表示謝罪時，反而覺得舒坦。

我兒子在讀小學四年級的時候，就曾經利用這樣的「應急詭辯」。他母親早就一再地叮嚀他說：「聽到六點的鐘聲響時就要回家。」我家附近有一所寺廟，每到六點就會敲鐘，因此自然而然地就變成孩子在外嬉戲回家的訊號。

當天，小兒在外頭玩到將近七點。

「你以為現在是幾點鐘了！」

母親大聲地責備，兒子看著手錶說：

「啊，糟了。對不起。媽媽，下次我去玩之前會先把耳朵清理乾淨。」

幽默是對他人的寬恕

英語有一句諺語：「Every Man Hasn Humor」。意思是說每個人各有其幽默。這裡的「幽默」是指「本性」、「氣質」的意思。

有一句諺語是「十人十樣」。我覺得幽默的精神中必須具備對「十人十樣」的認識。

我們的思考中，常帶有一種不是這個就是那個的二擇一的不良癖性，當自己的意見和他人的意見有所出入時，則感到不快。因為，一般人以為認同他人的意見，就等於是否定自己的意見。

事實上這是完全錯誤的觀念。因爲，有些事情並沒有誰對誰錯的差別。有關這一點將在第二章的「你和我的意見都正確——自在思考的方程式」中詳細論述，請參照之。

所謂幽默是尊重他人的意見並認同他人意見的正當性之後，讓別人也認同自己的意見。如果嘲笑、揶揄、否定他人的意見，就没有幽默感的存在。

東方人之所以無法發揮幽默的精神，似乎是在其意識的根源上具有凡事只有一個才是正確的觀念。這一點我們必須好好地反省。換言之，幽默是對他人寬容精神的別稱。

第二章

詭辯的方程式

●精湛的說話藝術

詭辯的方程式＝爲求生存的武器

詭辯具有兩面性。應用「應急的詭辯」使對方陷入五里霧中的是攻擊，而洞穿對方的「詭辯」是防禦。那麼，他的方程式是什麼？

如何突破矛盾的壁壘？

第二章是「應急詭辯」的應用篇及技術篇。第二章的目的是教導詭辯的秘訣，使讀者們能在日常生活中巧妙地應用「應急詭辯」。

如果只是列舉秘訣的要項並沒有任何助益。因爲，「應急詭辯」具有兩面性。甚至其中隱藏著無法解釋的矛盾。

「矛盾」一詞有一個非常有趣的緣由，這是出於中國的古典『韓非子』。

楚國有一個出售盾與矛的人，他在店門口擺著盾與矛說：

「來來，各位看官，這個盾非常了不起喔，無論用什麼武器也無法刺穿這個盾。」

這乃是商人慣用的宣傳語句倒也不足爲奇。然而這個商人接著又說：

「各位看官，這矛可是非常的神奇，用這個矛可刺穿世上所有的東西。」

結果在場的一名顧客說：

「那麼，如果用你那隻矛刺那個盾，又如何呢？」

商人無法回答。這就是「矛盾」的緣由。

我讀中學的時候，在馬路上看到一個賣運動鞋的老先生。

「穿上這雙運動鞋跑起路來快得很。如果參加運動會鐵定拿第一名……。」

老先生如此吹噓。

「那麼，如果大家買這些鞋子穿在腳上，是不是每個人都變成第一名呢……？」

我腦中出現這樣的疑問。我覺得老先生的說詞有點矛盾。當天晚上躺在床上後一直對馬路邊那位老先生的話無法釋懷（也許從那個時候開始，我已經具有論理學家的慧根了）。

我在床鋪上下定決心——等明天那個商人來的時候拆穿他的大牛皮。

隔天在回家的路上，我又看到那個賣鞋商人。我鼓起勇氣詰問那個賣鞋的老先生說：

「老先生，如果有兩個人買你的鞋穿在腳上賽跑，兩個人都會得第一名嗎……？」

「你啊，眞是傻瓜，兩個人穿了我的鞋，跑的較快的得第一名，較慢的得第二名。這種事還用說嗎？」

那天晚上我睡不著。我被完全地擊敗，至今回想起來那眞是精湛的「應急詭辯」。

我很不甘心輸給賣鞋的老先生。因此，那天晚上我徹夜未眠，陷入論理學上的思考。結果，我想到了一個笑話。

節約

有許多學生都不使用筆記本的第一頁，因此爲了節約，筆記本不要有第一頁。

「應急詭辯」的應用與技術

在此我最想說的是「應急詭辯」中具有矛盾的兩面性。

換言之，「應急詭辯」的使用法會依個人立場是攻擊者或接受者的不同，而有所差別。

例如，「自衛隊的存在並沒有違反憲法」這個「詭辯」的說詞對一直主張如此的日本執政的自民黨而言，如果沒有人查覺到其中所隱藏的詭辯性是求之不得的事。

但是，若以國民的立場而言，任何人都必須儘早視破其中的「詭辯」。雖然像這類政治性的問題，即使視破權力者的「詭辯」多半也於事無補。

事實上，日本自衛隊的問題早就被人拆穿其「詭辯」。然而，它卻依然存在。

不過，雖然拆穿「詭辯」，卻於事無補的事情並不只是政治上的問題而已。

以平常的公司爲例，「我們公司沒有賺錢。所以，職員們並沒有要求加薪的權利」像這種「詭辯」依然橫行無阻。或者，即使再怎麼做巧妙的正論，也會因爲只是一介新進人員而無法下意上達。

綜合以上的狀況，如何運用「應急詭辯」並無法一概而論。我雖然大言不慚地說「可教導各位詭辯的秘訣」，然而一想起各種狀況後，連我自己也不知道該如何使用「應急詭辯」。自己不清楚的事情根本沒辦法教導他人。

但是——

事實上，對於剛才我所說的最後一句話我查覺到一件事。不清楚的事無法教導——這是我自己寫的話。果眞如此嗎？

這個地方就有應用「應急詭辯」的餘地。換言之，若以「應急詭辯」來解釋的話。既然這世界上有許多在教導不清楚事情源由的人，根本不必要那麼膽怯地說對自己不清楚的事情無法教導。

舉例而言，職業棒球的評論家們，常大言不慚地論述自己根本不清楚的投手的心理。

另外，氣象局的地震學者，雖然沒有人可以預知地震的發生，然而卻堂皇地訂定「大規模地震特別措施法」的法令。對地震做各種預測與評估。即使是不清楚的事情，大家也彷彿專家一樣地做各種解說。

由此可見，似乎可以利用「應急詭辯」突破這樣的困境吧。而且，如果這是「應急詭辯」的使用法，我也可以洋洋灑灑地做一番解說。

因此，我打算在本章節中書寫詭辯的應用技術篇。換言之，我要書寫「應急詭辯」的秘訣。

攻擊性的詭辯與防衛性的詭辯

談到這裡，我的理論似乎有些紊亂。身爲評論家的我，在評論上應該是條理分明，這倒令我感到有些羞恥。接下來稍做一番整理吧。

①「應急詭辯」本質上是「詭辯」。

②「詭辯」本來是矛盾的。換言之是具有兩面性。

③所謂兩面性是指可運用於攻擊也可使用於防衛。換言之，利用「應急詭辯」使對方陷入五里霧的是攻擊；而拆穿對方的「詭辯」是防衛。

④因此，教導「應急詭辯」的用法時，必須依攻擊與防衛的情況，分別做適合的教導。

⑤然而這並不容易。

⑥但是，既然這是本章節的目的，所以不做也不行。

總而言之，「應急詭辯」所具有的兩面性，並不只有攻擊或防衛而已。

又應用者是否心有邪念，其「應急詭辯」的內容也有極大的差異。因此，我們所採取的因應措施也跟著改變。帶有惡意的詭辯——亦即只以矇騙對方爲目的的「詭辯」我並無法苟同。

我覺得那已不是「詭辯」而是欺詐。有關這類詐術，我們並不需要積極地教導其使用法。只不過要提醒各位不要被這類詐術所矇騙，並在此要教導各位視破詐術的方法。

本來，教導視破詐術的方法結果可能變成教導如何使用詐術。這彷彿教導如何防犯小偷偷東西的伎倆後，有些中學生卻加以應用的情況一樣。

所以，凡事都具有兩面性，這也是無可奈何的。關鍵乃在於讀者們的良知。

以下我打算列出「應急詭辯」的方程式。所謂方程式就是中學時所學過的「y＝ax＋b」的算式。

不過，請各位注意的是接著 x 所添加的值會使 y 值改變。x 若是正值，y 就是正值，如果 x 是負值，那麼 y 也會變成負值。

所以，千萬不要只看到 y 的值就說這個方程式是錯誤的。讀者們千萬不要把錯誤的數值帶入這個方程式中。

另外，讀者們只看到方程式也許不知所以然，因此，我事先盡量將方程式的原理做一番說明。

因此，雖然本章雖說是應用篇，也許多少也有論述原理的色彩。

但是，請各位把它當成做爲應用的原理。只要懂得原理就能輕易地給予應用。若不說明原理而只是列舉公式的知識，反而沒有助益。最近市面上有許多這種只列舉秘訣的書籍，我可不願意自己的書變成那種廉價品，這乃是作者的骨氣。姑且不論成功或者失敗，至少希望讀者們能體貼我的心意。

那麼，接下來就列舉「應急詭辯」的方程式。

發言者與發言內容不一致——●雙重標準的方程式

當父母責備孩子時，常可見孩子給予反駁。這是因爲該家庭沒有確立雙重標準的緣故。您知道教育上不可或缺的原理是什麼嗎？

爲何虎父生犬子？

「不可以一邊看電視一邊吃飯！」

「但是，你自己不也是一邊看報紙一邊吃飯嗎？這太矛盾了……。」

在今日的任何一個家庭，親子之間似乎都有類似的爭執。讀者各位的家庭如何呢…？

不過，我家的孩子絕對不曾有這類的反駁、回嘴。因爲，我家很早就確立了所謂的「雙重標準」。

所謂雙重標準是指孩子和大人之間的標準不同，這是理所當然的事，然而在民主主義有點被扭曲的現代，連這麼正當的事情也無法獲得理解。

因此，我決定從自己的孩子很小的時候，就訓練他們培養「雙重標準」。

譬如，在外頭訂購一份小籠包。要求店主「多加一點辣椒」。結果送來了一籠連我吃起來都會落淚的小籠包。

然後我讓孩子也吃這些小籠包。雖然有點殘忍，不過，我硬要他們吃。吃了二、三個之後就吃不下了。當天晚上我叫孩子餓著肚子。

「懂了嗎？孩童和大人是不一樣的。有些東西即使大人吃起來很好吃也不能讓孩子吃。爸爸或媽媽所說的全都是顧慮到你們還是孩子才說的。甚至有些大人可以做的事，但卻也要禁止你們做。換言之，小孩子和大人是不可相提並論的。希望你們要記住這一點。」

這就是「雙重標準」的哲學。如果缺乏這一套哲學是無法教育孩子的。最近的教育之所以欲振乏力，似乎是忘記了這個「雙重標準」的緣故。

與其說是忘記毋寧是誤解吧。而這個誤解似乎是把「表面話和眞心話的區別」與「雙重標準」混爲一談。

事實上「雙重標準」並非「表面話與眞心話之別」。所謂「表面話與眞心話」是想利用一個標準、觀念、哲學、基準來劃分事物時的苦肉計吧。男女本來就不相同－（所以應該運用「雙重標準」）——卻要把男女同等對待，才會造成「表面話與眞心話」的出入。目前的社會所迫切需要的無非就是「雙重標準」的哲學。

總而言之，在我家大人和兒童不可相提並論的道理是一種共識。所以，

「既然爸爸一邊看報紙一邊吃飯，我也有一邊看電視一邊吃飯的權利。」

這類反駁是絕對不會有的「歪理」。至少在目前是如此。或許當我的孩子到了高中或大學時，他們也會運用「應急詭辯」把我制伏。但是，到了那個時候他們已經不再是兒童了。

「不回答」的回答好嗎？

在沒有確立「雙重標準」的家庭該如何解決這種問題呢？

事實上，這個問題早在本書的第一章已經提過。我是以胃袋不會消化胃袋自身（亦即自己本身）爲例，說明最好把自己當成例外的道理。

我想根據那個說明各位應當已經明白，不過，這個問題非常重要，因此在此再作一次原理性的解說。

請看這樣的例子：

某學生自治會向教授會提出一個要求，希望撤銷對某學生退學處分。並且希望在×月×日之前由教授會向學生自治會提出有關這個要求的回答。

教授會經過審議的結果決定不予作答。

事情到這個階段還好，然而接近散會時大學的教務長問議長說：

「我想明天學生代表會到我這裡來詢問，該怎麼回話呢？」

回答的次元	其回答的內容
＜回答0＞	「撤回『不撤回』處分」
＜回答1＞	「回答0『是不作答』」 「撤回『不撤回』處分不作答」
＜回答2＞	「『回答1』是不作答」 「〔『回答○』不作答〕是不作答」 「〔撤回『撤回』處分〕是不作不回答的回答」

「這個嘛，」議長回答說：「就回答他們說教授會決定不作答。」

聽到這句話的一名教授面紅耳赤的發怒說：「議長，這麼做是很愚蠢的事，剛才我們不是決定一切不作答嗎？因此，回答說不作答仍然是一種回答，千萬使不得！」

「但是，向他們回答一下不作答有何不可呢？」議長說。

「不行，既然是一切不作答也不可回答說不作答。」

這時可鬧翻天了。但是，本書的讀者們應該知道這和貼紙的問題是同樣的類型。因此，我們利用這個例子來思考在原理上可以作答的內容。

請看附表。我們首先來考慮「回答」本身所具有的多元性。首先我們來定義零次元的回答。把它寫成（回答○）時，則可作下面的定義。

「回答〇」＝「撤回處分（不撤回）」。

這「回答〇」是學生們所期待的回答，同時也是教授會所決定的不作答的回答。但是，事務局長想對學生代表的回答變成不作「回答〇」的回答，因此，這是針對「回答〇」的回答，所以，我們把「針對『回答〇』的回答」表計爲「回答1」。換言之，

「回答1」＝「針對『回答〇』的回答」＝「針對撤回『不撤回』處分的回答」。

在教授會所決定的是不對「回答〇」作答，並沒有決議不對「回答1」作答。因此，可以作「回答1」的回答。換句話說，可以作「針對撤回『不撤回』處分的回答」。

容易產生混淆的「不同次元的理論」

也許讀者還搞不清楚我在說什麼。其實並不困難。只要仔細地閱讀一定能明白其所以。各位先記住以上的道理後，讓我再提出一個謎語，謎題如左。這到底怎麼解釋？

這個框子裡的句子是錯的。

這個框子裡的句子是錯的―然而這個框子裡只有這個句子。因此，「這個框子裡的句子是錯的」這句話本身就是錯的。既然它本身是錯的，則可見它說得一點也並不虛假。可是既然它說得沒錯，那麼「這個框子裡的句子是錯的」就變成正確的，結果……。

覺得它是錯的又好像是對的，覺得是對的又像是錯的，已經有點搞不清楚了。各位，我們先來考慮「句子」本身的次元。首先零次元的句子表計爲「句○」。這個「句○」的內容假設是「廖玉山是美男子」。

接著來考慮「句1」亦即一次元的句子。這是包含「句○」的句子。

「句○」＝「廖玉山是美男子」。

「句1」＝「『廖玉山是美男子』是錯的」＝「『句○』是錯的」

根據這個方式可以依序表示出「句2」「句3」，不過，這個請讀者們慢慢地去思考吧。

在此我們針對剛才的句子來思考。剛才的句子是「這個框子裡的句子是錯的」，這是包含著「句子」的句子。換言之＝「句1」。那麼，它的內容如下：

「句1」＝「這個框子裡的『句○』是錯的」

換句話說，

這個框子裡的「句○」是錯的。

而在這個框子裡並沒有「句○」。因爲沒有「句○」，我們判斷「句1」是錯的。

但是，「句○」和「句1」完全不同。這正是造成逆說的原因。

換言之，所謂「句1」是指「針對『文句』的句子」。「針對『文句』的句子」和「句子本身」本來就不同。絕對不可把兩者混爲一談。

※　※　※

同樣地，「我責備孩子」和「責備『我責備孩子』的我」之間的次元是不一樣的。這就是不同次元的理論。

如果這一點不分辨清楚，根本無法談任何教育。次元的問題是教育上不可或缺的原理。

絶對沒有「絶對」——●懷疑論的方程式

有些人與人議論時常會使用「絕對」這個字眼。這乃是使雙方的溝通陷入沼澤的導引線。在「應急詭辯術」中該採取什麼樣的方法給予對付？

人類的煩惱是「一切都是可疑的」

在此我想針對不可把發言內容與發言者混爲一談的問題，所相關的事項稍作一番說明。因爲，即使是偉大的哲學家在這方面似乎還搞不太清楚。譬如，社會上有所謂的懷疑論，「哲學辭典」等參考書中所作的解釋如下。

懷疑論〔英 Scepticism, 法 Skeptizismus 〕是源自希臘語的 skepsis 「檢查、討論研究」。「一」廣義。認爲人不可確實地掌握普遍性的眞理的學說。「二」狹義。針對某特定的領域，否定掌握確實眞理的可能性的學說。

哲學的用語若參照辭典的解釋反而會越搞不清楚。總而言之，所謂的懷疑論，是指主張

「一切所有都是可疑的」的學說。但是，問題乃在於下面的疑問。

「一切所有都是可疑的」—若是如此，那麼「一切所有都是可疑的」，本身這個命題不也是可疑的嗎？

聽到這個問題也許會令懷疑論者感到大爲吃驚。的確如此，如果「一切所有都是可疑的」，那麼其本身也是可疑的。既然如此主張懷疑論者，到底該用什麼樣的表現法呢？

某哲學家拚命地思考之後，如此回答說：

「我要知道什麼嗎？」

簡言之，這是利用這類疑問型來表達—我什麼也不知道「如果說「我什麼也不知道」時，就會被反駁說關於這件事有怎麼能知道呢」。

換言之，是一個苦肉計。但是，這種辛勞只會落得笑話。正如我們在前面所提的——A所有一切是可疑的。B「所有一切是可疑的」是可疑的。

這兩個句子次元完全不同。因此，即使A＝「所有一切是可疑的」這個句子是眞的，也應該有「所有一切是可疑的」這句話並不可疑。

所以，這是應該堂而皇之地主張「所有一切是可疑的」。根本不需要以「我要知道什麼呢？」之類迂迴婉轉的表現法—。

附帶一提的是「我要知道什麼呢？」這句話在法語稱爲「Que sais-je？」。想出如此迂迴婉轉的「Que sais-je?」的表現法的人是文藝復興時期的法國理論家蒙提紐。

也由此可知他根本沒有具備次元的觀念。

對應陷入沼澤般舌戰的方法

在議論中有些人會平凡地說「絕對……」之類的話語。其實就連我自己也會脫口說出「絕對」。其實說這些話並沒有深入的思考，它的用意和「萬一」、「百分之百」、「幾乎」……之類的語詞是一樣意思。說話者的態度是輕鬆的。

但是，在聽者中有人會覺得這句話有語病。一般人對於這些用語往往是由右耳進左耳出，生性怪癖的人卻會從中挑毛病。結果被挑毛病的人也意氣用事起來，而演變成爭吵。

「根據事前調查，這個新製品相當受到歡迎，所以，這個商品絕對可以暢銷。」

「剛才你說『絕對』，這未免有些太過分了吧。請不要隨便就說『絕對』好嗎？」

「不，這個商品絕對賣得出去。這是絕對沒有問題的。」

「怎麼有這種事？絕對不可說『絕對』。」

「你說的是什麼話啊？剛才你不是說『絕對不可說絕對』，那麼絕對不可說的事爲什麼絕對可以說呢？」

「因爲，爲了那個『絕對』是語句的修辭。這種事應該曉得吧。」

「那麼，說『絕對』有何不可呢！」

「你這個人眞不懂道理啊！」

「你說什麼！你才是。」

若演變成這個狀況就糟了。

那麼，到底該怎麼辦？

在「應急詭辯術」中有兩個對應的方法。因爲，「應急詭辯術」具有攻擊和防禦的兩面性，對應之策當然有兩種。

首先來談防衛的狀況。所謂防衛是指對方以「絕對……」的理論來攻擊時。

碰到這種狀況以常識而言，會認爲這個世上跟本沒有什麼「絕對」。除非有人意氣用事地咬定—若是我絕對不會這麼做。

不過，在內心裡會嘟喃著——根本没有什麼「絕對」——總而言之，不要信賴對方的主張。如此一來就可避免受害。

但是，如果對方是權威者，一般的庶民往往就因爲他的頭銜而相信對方口中所說的「絕對……」。

譬如，政府當局或科學家們所大力鼓吹「絕對安全」的原子發電廠的結果如何呢？一九七九年三月二十八日凌晨四時左右，在美國賓夕法尼亞州格魯斯伯樂轄區內的斯立麥爾島原子能發電廠，所發生的事故又該作何解釋呢？所謂絕對安全似乎絕對不可能。腦中應該抱有這樣的觀念。這應該說是一種常識、良知。

然而我們往往疏忽了這個良知。碰到建議商品投機的推銷員口沫横飛地說：「絕對賺錢喔！」因爲相信這句話而有許多人憑白地損失了數百萬元。人只要產生慾望就會使良知受到蒙蔽。

我會賺錢—既然如此一定有因爲我賺錢而遭受損失的人。因此，世界上根本不可能有只有自己賺錢而他人遭受損失的方法。若有的話那已不是買賣或投機，而是詐欺。若能冷靜地思考，任何人都可明白這種道理，然而在緊要關頭我們往往忘了事情的眞相，這可以說是人性的弱點吧。

不可能有「絕對……」之類的事。這是「應急詭辯術」的結論。我們應該隨時提醒自己要有這個觀念。如此一來在緊要關頭時才不會吃虧上當。

接著來談攻擊的立場。如果我們處於攻擊的立場該怎麼辦？

答案非常簡單。和防衛的狀況正好相反。一切都没有顧慮的必要。只要斷然地說：

「絕對如此—」。如果對方因而上當是最好不過的了。

但是，對方若不上當呢？當對方既不上當而且提出正確的反駁說：

「這個世上絕對没有可以說『絕對』的事情。」

這時該怎麼辦？碰到這種狀況只好利用「應急詭辯」臨陣脫逃。

「但是，你自己不是也使用『絕對』這個字眼嗎？絕對不可說絕對——這句話中的『絕對』可以說嗎？」

對方若聽到這樣的反駁大概也無話可說了。

大象和雞蛋的共通點？——

●三段論法的方程式

這是古典謎語。因不知解答而被取笑的人可利用三段論法給予反擊。但是，更聰明的人則會知道使用「應急詭辯」。

腦筋急轉彎的古典謎語

晚餐的時候剛讀中學的兒子說：

「爸爸，請說出大象和雞蛋的共通點。」

「我知道……」他的姊姊從旁插嘴。

「姊姊不可以說，這是我要考爸爸的問題……」

「那麼，我也要提問題。爲什麼狗要搖尾巴……？」

「我知道。」這次換兒子搶著說。

「你不可說，這是我向爸爸提出的問題……」

姊弟倆爭執著出問題，但是身爲父親的我，卻因爲答案呼之欲出又縮了回去，而感到傷腦筋。

這是古時候已有的謎語，我也曾經向其他人出過這樣的問題。也許是上了年紀記憶力減退了吧。

「佳穎的謎語媽媽也知道喔！」內人說。

「那麼，爸爸投降了。讓媽媽回答吧！」

「是因爲尾巴不會搖狗吧！」

做姊姊的一臉不甘心的表情。

「那麼，讓佳穎回答英彥的問題吧。」

「大象和雞蛋相似之處……兩者都不會爬樹。」

聽他們這麼一說我也想起來了。原來如此，原來是這樣啊！確實如此—。不過爲時已晚了。

大象和雞蛋的共通點……不會爬樹。

爲什麼狗會搖尾巴……因爲尾巴不會搖狗。

這些是古典的謎語。那天晚上我完全的落敗。

論理學的觀點

但是，身爲理論學者的我總覺得無法釋懷。並不是因爲敗在孩子們面前感到懊悔，而是我覺得這些謎語中似乎頗有玄機。

從結論而言大象和雞蛋的謎語是錯的。在論理學上犯了錯誤。

那麼其錯誤在那裡？

讀者各位也許聽過所謂的三段論法吧。

「前提」男性都風流。

「前提」廖玉山是男性。

「結論」因此，廖玉山是風流男子。

原因就在此。這種論法也許在中學、高中時曾經在課本上學過吧！不過，大多數的人可能因爲過於荒唐而遺忘了吧。本來嘛，廖玉山是風流男子這種事，何必要仰賴三段論法來證明呢。

此事在此姑且不作深論。不過事實上三段論法的規則中包含下面一點。

——當兩個前提都是否定型時，不可作出結論。

也許很少人連這麼詳細的規則也記在腦海裡，不過，以常識而言當兩個前提都是否定型時確實不可提出結論。有關這一點請參照左表的例子。

但是在結論方面可以提出肯定型及否定型兩項。事實上以第一例的文句而言肯定型是錯

第一例

前提 前提	狗沒有翅膀 貓沒有翅膀
結論	狗是貓 狗不是貓

第二例

前提 前提	廖玉山沒有翅膀 人沒有翅膀
結論	廖玉山是人 廖玉山不是人

誤的，而否定型是正確的。若是第二例，則肯定型是正確而否定型是錯誤。

因此，得不到肯定型的結論及否定型的結論。所以，當兩個前提都是否定型時不可提出結論。三段論法具有這樣的規則。

那麼，下面的情況又如何呢？

「前提」大象不會爬樹。

「前提」雞蛋不會爬樹。

兩個前提都是否定型。若是如此從這兩個前提無法得到下面兩個結論。

「結論」大象是雞蛋。

「結論」大象不是雞蛋。

換言之，大象和雞蛋之間沒有任何關係。因此，大象和雞蛋的共通點並不是「不會爬樹」。

前面所舉的古典謎語很明顯地是錯誤的。身為論理學者應該發起運動撲滅這類的謎語。今後我決定一有機會就到處告訴人說：

「大象和雞蛋的共通點並不是不會爬樹喔。」

董事長和一般職員的共通點？

在「應急詭辯術」中這是非常有效的方程式。而且具有幽默感。大象不會爬樹，雞蛋也不會爬樹，這可眞是太幽默了。

即使在論理學上是錯誤的，我們根本無須在意，反而應該好好地利用它。

譬如，中小企業的董事長可以向作業員這麼說：

「各位同仁，我雖然是這個公司的董事長，但是，再怎麼說我也無法成爲首相。你們也是一樣吧。你們也絕對無法成爲首相。所以，說穿了我和你們都是一樣……」

當作業員聽到董事長這麼說時，會覺得董事長變得非常親近，這實在非常神奇。

董事長和我們的共通點……對了，都無法變成首相。如此一來若能使董事長和作業員們打成一片是最好不過的。以後作業員就不會再舉旗反抗了。因爲，連董事長和我們都是被害者……。

另外一個謎語也是錯的。

爲何狗會搖尾巴？答案——因爲尾巴不會搖狗。

即使在論理學上沒有詳盡的解說，大家也都知道這是錯誤的。我們稍微改用其他的語詞，其中的荒謬就可一目瞭然。

為何我要打你？答案——因為你不會打我。

連小學生也知道這是錯誤。

但是，「為何狗會搖尾巴？——因為尾巴不會搖狗」之類的論法經常被使用。因此，我們決定把它納入「應急詭辯術」的方程式中。

譬如下列的用法：

面對貌美的女子——「你說為什麼我愛妳嗎？那是因為妳不愛我啊。所以，我愛妳，愛得瘋狂！」

課長對部屬——「到底要等到什麼時候你才要把文件遞上來。如果你不提出文件我只好親自到你的跟前拿文件。」

保守黨的理論——「國民不承認自衛隊。所以，只好先成立自衛隊讓國民承認。」

盡量活用俗諺的兩面性——●沉默的方程式

俗諺具有兩面性。若遭受其中一方的攻擊時則用另一方給予反擊。不論任何名言都有其弱點。同時，準備一些自己的慣用語句。

自我主張者的舊語新解

「同情並非爲了他人」，這句俗話的意思是雖然是爲了他人表示同情，然而總有一天會返回到自己身上。

但是，最近的年輕人卻有另外的解釋。給他人同情時，接受同情的人會因而仰賴他人，所以，反而會糟蹋人。因此，絕對不可給他人同情。

我召集大約兩百名年輕人向他們提出這個問題時，大約有一百名左右贊成「不要給他人同情」，贊成「這是爲了自己」剩下不到二十名。剩下的是DK「不知道」組。

就連「時間是金錢」—這句俗語也有新式的解釋。

所謂新鮮的解釋，是因爲根據字典所解釋的「這乃是教導時間可貴的成語」而言，若以年輕人的立場來看，他們也許相信自己的解釋才是正確的吧。

總而言之，年輕人的新解釋是若把金錢存入銀行，隨著時間就可增加利息。所以，時間是金錢。這樣的解釋也不無道理。

所有的諺語都有其兩面性。一般的諺語可使用於正面的意義也可使用於反面的意義。

「識時務者爲俊傑」，這句諺語的本意是要人不要逞強鬥勝，潔身自保。

但是，也可利用這句諺語說：

「所謂識時務者爲俊傑，然而我並非俊傑，我仍然要做。雖然這是相當危險的事，但我也有相當的覺悟。再說如果不做的話不是俊傑的我將會無法生活。」

事實上每一句諺語也都與其意義相反的諺語。例如：

「識時務者爲俊傑」—「不入虎穴焉得虎子」。

「行善貴在即時」—「欲速則不達」。

我們在「應急詭辯術」中應該盡量地活用這類諺語的兩面性。

「年輕人卻成天睡懶覺，不是有所謂『早起的鳥兒有蟲吃』的諺語嗎？趕快起來工作吧！」

如果被房東如此斥責時可以反嘴說：

「不，俗話說『早起的蟲會被鳥吃』。」

但是，如果在緊張的時候想不出相反的俗話時該怎麼辦？這時候只有自己創造。即使是信口開河給予反擊也可以。

「但是，房東先生，俗話不是也曾說嗎？那個，……（做出稍作思考狀），對了，說什麼『早起的豬會跌倒』或『睡得飽的鳥是好鳥』等等，還有什麼『睡床有寶』、『愛睡的孩子長得好』或『慌張的乞丐討食的少』……。」

最後的兩句是在胡言亂語中突然想出來的「眞正的」諺語。

總而言之，動點腦筋自我創造，對方也無法確實指出那些諺語是錯的，一定感到大傷腦筋。

但是，也許剛才我隨意創造的諺語中「睡床上有寶」，確實有人這樣說吧。

其實諺語多得幾乎讓人分不出其確實的有無，因此，根本不需顧慮。盡量製造對自己有利的諺語吧。這就是『應急詭辯術』的急智。

「沉默是金」的另一個涵意

英語有一句諺語說「Speech is silver,silence is golden」（雄辯是銀、沉默是金）。中國也有「沉默是金」的諺語。據說英語的這句諺語是出自英國的思想家、歷史家湯姆斯・卡萊爾的『衣裳哲學』。不過，這句話眞的是鼓勵沉默嗎？

我所認識的一名美國人有其個人的解釋，他曾經告訴我說：

「所謂雄辯是銀是因爲銀是實用的東西。而金只做爲裝飾。保持沉默的人只能成爲裝飾品而已。根本毫無助益。」

「喔……。」

「而且，沉默的人在沉默的時候是裝飾品，而且，若讓他有所發言時，說不定會露出破綻。『沉默是金』這句諺語中還帶有這樣的意思。」

若是如此，將「Silence is golden」譯成「沉默是金」不就錯誤了嗎？如果以這位美國友人所講的另一個涵義作翻譯時，也許就變成—沉默是鍍金。

如果只追究語言表面上的意思，將永遠無法得知眞相。更何況諺語常有各種的解釋。

但是，東方人卻具有「沉默是金」（並非鍍金的金）的觀念。

換言之，東方人不但喜歡沉默，而且讚揚沉默。

東方人認爲雙方若一定要以語言來作溝通時，彼此的關係就有些「見外」。東方人渴望「無言勝有言」……。

既然如此，我們應該可以將它應用在「應急詭辯術」中。我們應該大量地活用沉默把它當成「沉默才是最大的『應急詭辯』」

所謂沉默若依字面解釋就是「一句話不說」，這一點並不困難。只要一句話不說連小學生也辨得到。

但是，若只是一句話不說並無法成爲「應急詭辯」。因爲，對方無法判斷你是因爲無法使用「應急詭辯」而沉默，或爲使用「應急詭辯」而陷入沉默。

因此，在使用「應急詭辯」的沉默時必須把這一點傳達給對方。

不過，其時機與表現法可不容易。

因此，筆者列舉三個文例請讀者參考，並決定自己的慣用語句。在恰當的時機隨口就可說出慣用的語句。我想這一定能發揮效果。

第一個文例——

「課長既然這麼說我並不想有所反駁。我不想說了。雖然我不說什麼，不過，我想課長應該明白我的心意。所以，我不再發表意見。」

第二個文例——

「經理，您叫我說我才說。不過，我並不想說什麼。我只說這一點。」

第三個文例——

「董事長，請瞭解我一句話也不說的用意。我只要求您這一點。」

主張同樣的東西並不相同的方法——●貍和貉的方程式

明知A和B是同樣的東西，然而在緊要關頭是否可以主張A和B是不同的東西？這一點若能自在地操縱，其應用範圍也很廣。

觸犯禁獵者之說詞

這是實際發生的例子——

在日本大正年間，有一名獵人提著一隻貍到某毛皮店出售。當時是三月三日。

但是，根據「狩獵法實施規則」貍從三月一日開始便成禁獵的野獸。警察發現獵人違法將他強行拉到警察局，準備處以罰款。

但是，獵人在這時運用了「應急詭辯」。不，也許獵人本身並不知道這是「應急詭辯」吧。只是我認為他是使用了應急詭辯，至於獵人本身似乎深信自己的發言屬實。

依我看來那是非常巧妙的「應急詭辯」，因此，本書決定採用他為方程式。

總而言之，獵人如此向警察反擊。

「不可捕獲貍這件事我也知道。但是，我所捕獲的是貉啊。法律上有明文規定不可捕貉嗎？」

「啊！」警察霎那間說不出話來。但是，警察也開始反擊說：「貍和貉是同樣的東西。所以，也不可以捕貉。」

然而獵人也非常頑固，即使警察如此辯駁也不繳納罰款。結果雙方爭執不下，終於演變成訴訟案件。

在一審、二審中獵人被判有罪。因爲，動物學家鑑定貍和貉乃是同樣的動物。但是，雖然前提是貍和貉是同樣的動物，然而在最高法院的判決（大正十四年六月九日）中獵人獲判無罪。

「最高法院雖然知道貍和貉本是一樣的動物，但是，根據地方的不同兩者的名稱不同，被告者深信貉和貍是不一樣的動物，因此，被告並無捕捉禁獵動物的意識，而以欠缺對故意要件違法的認識而將被告判處無罪。」

不過，那位獵人的叛逆精神也眞了不起，竟然把貍和貉的問題鬧到最高法院。最後終於獲判無罪，委實令人可喜。附帶一提的是，根據日本動物學家戶川幸夫所言，據說貍是確有其動物，不過所謂的貉則是毛皮業界間的專用術語。

在毛皮店似乎把較好的毛皮稱爲貍，較差的毛皮稱爲貉以做爲區別。若是如此，那麼專門的獵人應該清楚貍和貉的差別。

若有很明確的差別可證明兩者是不同的動物。則雖然不可捕捉貍，而貉卻無所謂的道理似乎也可成立。

臨急應變的話術訓練

我想利用這個例子作一個「應急詭辯」的方程式。其方程式是這樣的：即使我們知道A和B是同一個事物，然而卻可以主張A和B是不同的事物。

這個方程式的應用範圍極爲廣泛，現在，我把所想到的列舉如下：

①經濟大國的日本在野黨一再使用的「應急詭辯」──

「『自衛隊』不是『軍隊』。因爲，『軍隊』是攻擊敵國的組織，然而『自衛隊』只是防衛我國國土與國民。因此，『自衛隊』並非『軍隊』，並不抵觸絕對不可擁有『軍隊』的『日本國憲法』。」

另外，一旦主張「自衛隊」並非「軍隊」，事後卻又主張「自衛隊」可以攻擊敵國，乃是一種擴大解釋。其中所使用的乃是對自己最爲便利的理論，亦即「攻擊乃最大的防衛」。

如此看來，光是主張「貉」並非「貍」，還只是「應急詭辯」的初步而已。

當「應急詭辯」流傳之後，「貍」也不得不說是「貉」了。

「應急詭辯術」必須學習到這個境界。所幸現今的社會有許多範本，並不必擔心學習的材料不足。

②「閒雜人等禁止入站內」——

其實看到這樣的招牌，盡可走進車站內玩擲球遊戲。若有人責備時只要反駁說：

「我没犯錯啊，我正在做擲球的『事』啊！」

如果對方說：「難道没有看到這塊招牌嗎？」

則反嘴說：「這麼大的東西怎麼可能進入我的小眼睛。」

③那不是「女人」——

有一個自稱唐璜的人。他曾自豪地說：「不論是那一種女人絕對抵擋不住我的甜言蜜語……。」

當然，在此所謂的「女人」是指酒吧或歡樂場的女性。逢場做戲的人中有如此狂傲的傢伙並不足爲奇。（若是筆者則是自豪没有一個女人可以說得動我……）。

結果，有一個朋友向自稱唐璜的傢伙挑釁說：「那麼，你釣得到當今最紅的女明星嗎？

」。唐璜也不服輸，於是開始向那位女明星展開追求。但是，唐璜所得到的是碰了一鼻子灰。

「你不是曾經誇下海口說任何女人都如探囊取物嗎？看來，你也不過爾爾。」

「那有這回事，只要聽我的甜言蜜語，沒有一個女人不心服口服！」

「但是，你不是無法說動那位女星的心嗎？」

「她……她嗎……她不是『女人』。」

④我沒有發誓——

「妳在結婚典禮上不是曾經立誓不論有什麼事一定在十二點以前回家嗎？爲什麼每天晚上要搞到深夜一、兩點呢？」

「啊，那件事嗎……。那不是『發誓』啊，那只是沒有任何意義的語詞。你結婚當初每個晚上不是都說（累死了、累死了）嗎？怎麼還沒死呢？不，不必死啊。因爲，那也是沒有意義的語詞。」

利用兩個名句給予反擊吧——●反論的方程式

有許多人在說服他人時常以慣用句「舉例而言……」為話題的開端。碰到這種時候只要反駁說：「傻瓜！這裡又不是羅德斯島！」這到底是什麼意思？

跳吧！這裡是羅德斯島

這是比喻的誤謬。碰到以「舉例而言……」之類話語為開端的談話時，必須留意不要被對方所矇騙。因為說話的當事者深信自己所作的比喻，因此，聽者會很容易被蒙在鼓裡。

「不要怕，只是像蚊子叮一下的疼痛而已。我只是稍微插進去一點罷了……。」

這就是比喻。如果蚊子聽到這句話一定生氣吧。蚊子只是從他的身體吸取血液，然而對方卻是將液體注射到她的體內……。

是否有人正做胡亂的想像呢？我所說的是醫生向患者注射維他命劑。不過，卻會令人有某些聯想……是的，聯想就是比喻。

總而言之——。

要識破比喻所具有的「詭辯」性，最好的方法是用句著名的話。這句話就是：

——跳吧！這裡是羅德斯島。

彷彿咒語般地嘟喃這句話時，隨即會比喻所具有的「詭辯」性暴露無遺。譬如……。

但是，在此之前必須先針對羅德斯島做一番解說。

羅德斯島是飄浮在愛琴海上的綠島。有一個男人到羅德斯島做田徑比賽，回國後向朋友自誇地說：「我在羅德斯島跳了好幾公尺高啊！」結果他的朋友說：

「那麼，就把這裡當成羅德斯島跳跳看吧！」

這句著名的話就是從這個例子流傳下來。

那位朋友可眞是伶牙俐齒，對方必定氣得跺腳吧。但是，事實上根本無須氣憤。因爲，奇怪的是那個朋友。

譬如，假設有一個人到月球跳高。在月球上由於重力較小，比在地球上跳得要高。如果朋友說：

「那麼，就把這裡當做是月球跳跳看吧！」

在地球根本無法跳得像在月球那樣高。所以，這時候你只管挺起胸膛大聲地回答說：

「傻瓜，這裡又不是月球！」

根本不必要畏縮地甘拜下風。從上述的解釋中，我們已確立了兩個名句。對於他人的比喩用法，只管用這兩個名句給予對應。

——跳吧！這裡是羅德斯島！

——傻瓜，這裡又不是羅德斯島！

不論什麼狀況都可自由自在地反駁

據說A先生某年搭乘海釣船到鄂霍次克海捕捉海豹。但是，據說在乘船之前發生了一些波折。有人認爲讓不是船員的人搭乘海釣船時會觸怒海神，使海浪變得洶湧無法行駛，因此遭人拒絕。

A先生於是想到「應急詭辯」而向船員們詢問說：「你們認爲山神和海神不同嗎？」

A說兩者都是狩獵之神，其間的禁忌似乎也大同小異吧，船員們都點了頭。

A接著又說：我幾乎每年都和山胞一起到山上，在雪洞裡生活，山神們早已把我當成他們的同伴。既然山神允許，海神不可能不允許吧。這和軍隊有陸軍與海軍之別，然而卻同樣都是軍人一樣。A利用這個歪理終於獲准搭船。

這眞是精妙絕倫的「應急詭辯」。那麼，我們把它套上剛才的兩句名言。A先生的「應急詭辯」是這樣的。

——讓我搭船吧！這裡是山！

相對地，船員們可以如此回應。

——傻瓜，這裡又不是山！

這麼寫顯得A先生的「應急詭辯」似乎並不太高明的樣子。其實這乃是因爲事先我已提示了反論的方程式的緣故，一般人並不知道反論的方程式（唯有本書的讀者知道）。

利用「跳吧！這裡是羅德斯島！」之類的「應急詭辯」對不懂得反論的方程式的人是深具效果的。所以，讀者們應該盡量利用這種「應急詭辯」。

舉例而言——

我的內人每天晚上都和我睡覺。你也是女人這一點和我的內人一模一樣。所以，和我睡覺也無妨吧！」（睡吧！妳是妻子！）——（傻瓜，我那是你的妻子！）

「親愛的，從前你不是說爲了我即使赴湯蹈火也在所不惜嗎。所以，買那件外套給我吧！很便宜喔！和赴湯蹈火比較起來……。」（現在又不是從前）（現在亦如從前啊）——（傻瓜，從前的妳苗條多了！）

波吉是國字——●逆説的方程式

拿破崙曾説「我的字典裡沒有不可能」。各位明白這句名言是個詭辯嗎？這種語句可創造出各式各樣的逆説。

不要被三段論法的陷阱所矇騙

我們來看一下逆説的用法。下面的三段論法是否有錯呢？

（前提1）　波吉是犬。

（前提2）　犬是國字。

（結　論）　因此，波吉是國字。

當然這是錯誤的。爲什麼？因爲結論非常奇怪，因此一定是某個地方有問題。……老實説這個論理（因爲結論奇怪所以奇怪）本身事實上是錯誤的，不過，這個三段論法本身的確奇怪。各位知道是什麼地方奇怪嗎？

問題出在前提1和前提2所出現的「犬」。前提1中的「犬」是「表示狗的動物」。前提2則變成「犬這個文字」。因此，兩者並不相同。既然不相同就無法變成下列的等式。

波吉＝犬＝國字（這是錯的）。

如果波吉＝犬，犬＝國字，這兩個前提並無法達到任何結論。

「鮫魚是魚」—「魚是國字」

「（因此）鮫魚是國字」

這也是錯誤的三段論法。這種三段論法中「犬」或「魚」等單字都具有兩種意義。因此，我明確指出其意義上的差別，必須改變單字表示的方法。當然，只要改變特殊用法的情況就行。所以，正確的表示法應該是這樣的。

表示動物的狗時……犬、狗。

表示語詞的犬是……犬、狗。

這麼一來前面所舉的三段論法就變成下面的等式。

波吉是犬　鮫是魚。

犬是國字　魚是國字。

如此一來無法變成三段論法的事實已一目了然了吧。

拿破崙的名言也是詭辯

經過以上的事前說明，讀者們應該可以洞穿拿破崙那個轟動一世的名言，事實上也只是「詭辯」。換言之，法國英雄拿破崙所說的：

「我的字典裡沒有不可能。」

這句話是錯誤的。咦？您說不知道那個地方不對嗎？我們剛才不是已經區別了「表示事物的語詞」和「表示語詞本身的語詞」其間的不同了嗎？

也許拿破崙的字典裡沒有「不可能這個『語詞』」。若是如此，他應該說：

「我的字典裡沒有不可能。」

他一定是買了廉價的字典，因爲買了廉價的東西才失去了不可能—。

但是，我們把「不可能」和「不可能」混爲一談，而深信拿破崙沒有不可能的事物。拿破崙的本意就是要讓大家這麼認爲，所以，我們等於是中了拿破崙的「應急詭辯」的圈套。

既然上當了，我們今後也可以利用這套絕招引他人入甕。應該把它做爲「應急詭辯」而善加活用。不，不用我多作贅言，相信讀者早已運用自如了吧！

「我的想法裡絲毫沒有欺騙你的意思。這一點請你務必相信。」（雖然沒有欺騙的意思卻可以欺騙）。

「我甚至連紅杏出牆這句話也不知道啊，而你卻……。」當幽怨地落出淚來時，做丈夫的終於信任了妻子。

但是，做妻子的只不過是說不知道「紅杏出牆這個語詞」而已。她仍然可以紅杏出牆喔，可千萬疏忽不得。

另外，中國人討厭「四」的心理中也具有「應急詭辯」。雖然「四」和「死」不一樣，然而以「死」而言只不過是「死」這個字的問題罷了。雖然想要避免「死」，卻無法避免「死」。這種道理連幼稚園的幼兒也知道，但是，成年人卻一再地避免「四」委實奇怪。

附帶一提的是，日本的一休禪師碰到別人央求他寫些慶賀的文句時，據說在對方所遞過來的色紙上寫著：

「父死　子死　孫死」

對方看見這些字句皺起了眉頭，不過，一休禪師向對方這麼解說：「父親先死，接著是兒子死，然後才是孫子死。沒有比這個更可慶可賀的事了。」

在我們人世間有時為人子女者比父母更早死亡。這是所謂的孽緣，令人悲哀。因此，若能以父—子—孫的順序離開人間，不正是令人可賀的事嗎？這是一種逆說，也是一種「應急詭辯」吧。

談話中有一半是謊言——●謊言的方程式

假設你獲得某種情報。但是，這個情報的可信度事實上只有百分之五十。若以數學給予證明的話——。

我們稍微改變一下旨趣來想想「謊言的方程式」。雖然這和「詭辯」沒有直接關係，不過，從狹義而言謊言也是一種「詭辯」。

誰是最大的騙子？

首先，來看一則說謊的笑話——

有三個小學生在放學回家的路上撿到一千元。三個人打算平分這一千元，卻有餘額。他們討論著該如何處理這餘額時，結果決定玩起說謊比賽的遊戲，由優勝者獨佔這一千元。

英燕小朋友說：「我的父親是作家喔。我爸爸所寫的書去年賣了兩百萬册。」（事實上英燕小朋友的父親是學校的老師。只不過曾經說過想要當作家）。

正明小朋友說：「我的爸爸是醫院的院長。去年他動手術把一個死了三個月的患者起死回生了。」（其實正明小朋友的父親是醫院的藥劑師，經常和院長先生玩麻將輸了錢）。

世朗小朋友說：「我的父親是公司的董事長。擁有七輛自家用轎車，每天搭不同的車子上班。」（其實世朗小朋友的父親是公司的課長。是經銷汽車冷氣的公司）。

三個人都說了謊，但是無法判定誰的謊言最大。這時，校長正好從旁邊路過，三個人拜託校長裁決。

「你們都是壞孩子。」校長斥責這三個小朋友。「應該把一千元送到派出所去。而且，絕對不可說謊。我小時候從來沒有說過謊。」

「輸了！校長所說的謊最大。這一千元給校長。」

三人異口同聲地說。

老實村和說謊村的選擇法

其次是說謊的謎語——

有一個三叉路，往左邊走去可碰到老實村，往右邊走則是說謊村。但是，你毫不知情。你只知道有一邊是老實村而另一邊是說謊村。

另外，有一個前提是老實村的住民各個生性老實，不論別人問什麼都會具實的回答。而說謊村的住民正好相反，不論碰到任何的疑問都說謊話。

那麼，你來到了這個三叉路。所幸有一個村人站在那裡。不過，不知道他是老實村或說謊村的居民。

你想向這個人詢問以得知那一邊是老實村。

喔，我忘記說了。所提出的問題希望是能用ＹＥＳ、ＮＯ作答的疑問。而且，只能有一個問題。

那麼，該怎麼辦……？

這個是古典的謎語，我想有不少讀者知道答案吧。不過，其中應該也有第一次看到這個謎語的人，同時也有忘了解答的人吧。因此，爲了讓各位稍做思考，暫且把解答擱在後頭。

有一句俗話說：「一句可是眞話，也可能是假話」。這是指事物都作誇張的宣傳，因此，話只能聽一半的意思。

「我昨天晚上連喝了六家，回到家時已經凌晨三點多了……」

有些人會如此大肆宣揚，其實他只去三個地方喝酒，回到家也只不過十二點半。甚至有的人所說的話可信度不足一半。

假設你獲得某種情報。譬如，聽說總務課的陳先生和會計課的林小姐有染。您知道這個情報的可信度事實上只有百分之五十嗎？關於這一點我想利用數字做一番求證——。

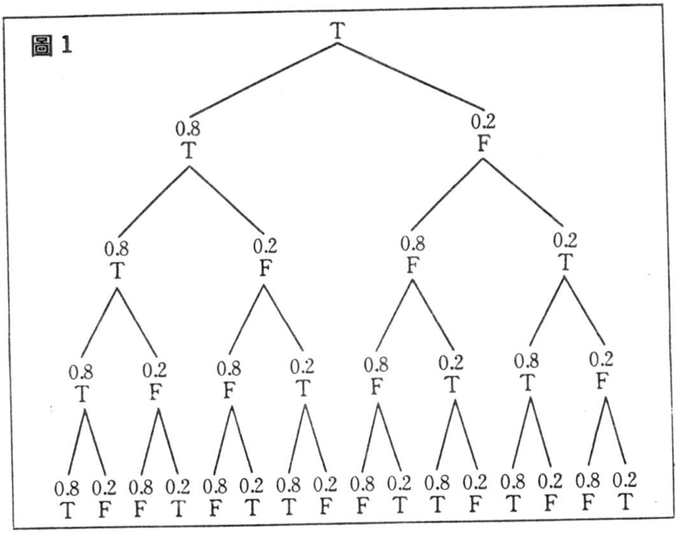

以下我們以眞爲T、假爲F表示。T是英語的ture、F是 false 的第一個字母。

情報由人互相傳遞，大部份的人都正確地傳達情報。換言之，T的情報正如T所言，F的情報則如F的內容，不過，其中有人說謊。

這個說謊者把T說成F、F變成T作宣傳。

如果得到「狼來了」（T）的情報時，說謊者就向別人說是「狼不來」（F），如果聽到「狼不來」（F）的情報，就告訴別人說「狼來了」（T）。假設這樣的說謊者佔居百分之二十。

結果，最初的T的情報正如附圖1所示地傳達下去。

圖中雖然只寫到第四次的傳達情況，其實可以再延長下去。根據這個資料可計算出T和F的比率。

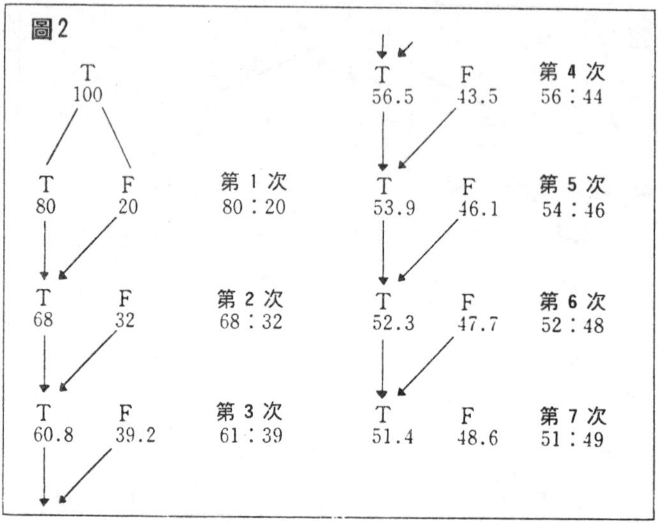

在數學上有一個計算這個類似的簡便方法，不過，若要給予解說，本書就變成數學的參考書了，因此，請參照圖2的說明吧。

從圖2我們發現情報傳達到第五次時變成（五四比四六）、第六次是（五二比四八）、第七次是（五一比四九），依序漸漸地接近（五〇比五〇）。

這是以說謊者佔居百分之二十的比率做計算，不過，並不限定在百分之二十比率。即使說謊者是百分之十所得的結果也是一樣的。若是百分之十只是曲線稍微緩和，仍然會接近（五〇比五〇）的數字。

這是數學中的所謂「收斂值」。「收斂值」是情報無限傳達時的T和F的比率。這時眞（T）佔一半，假（F）也佔一半。

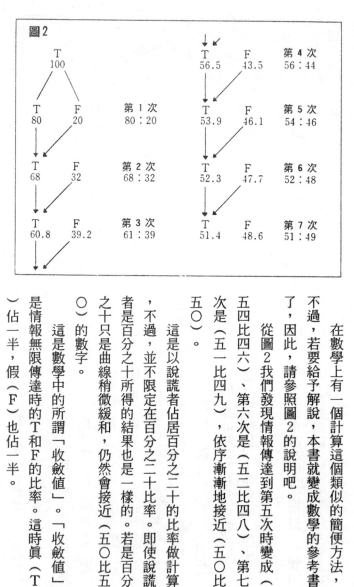

換言之，「眞眞假假各佔一半」。

所以，聽別人說話時最好一半當眞一半當做是虛假。如果過於信賴恐怕會遭受損害。

引導出正確答案的思考法

接著，爲各位揭開謎語的答案。

「廖先生是美男子嗎？」……不可提出這樣的問題。因爲是否是美男子乃是主觀上的判斷並沒有共通性。

假設對方回答說「ＹＥＳ」該如何判斷對方是老實或說謊者呢？什麼啊！你說鐵定是說謊……。不過，我想我的妻子大概不這麼認爲吧！但是，這也許只不過是我的願望吧。

總而言之，不可提出這樣的問題。即使明白對方到底是說謊或老實的人，也無法問出老實是在那一邊。

那麼，該怎麼問呢？

「那裡有飛機嗎？」

這種問法也不妙。算了吧，既然是想要問的問題，何不單刀直入地問呢……。

「老實村在那一邊？」

不過，這問題無法以ＹＥＳ、ＮＯ作答。若能以ＹＥＳ、ＮＯ作答則應這樣的發問。

「老實村在右邊嗎？」

結果，對方會怎麼樣回答呢？那個人如果是老實的居民當然回答「ＮＯ」。

那麼，如果他是說謊者答案必定是「ＹＥＳ」。這就傷腦筋了，即使他是說謊者也必須提出變成回答是「ＮＯ」的問題。

好像在原地繞圓圈一樣搞不清楚到底是怎麼回事了。我們稍微轉變一下想法吧。下面的方法最理想。亦即，

老實的人 ↓老實村

說謊者 ↓老實村

換言之，

老實的人 ↓自己的村子

說謊者 ↓別人的村子

只要把問題變成這樣就行了。這就懂了，只要問那個人自己的村子在那一邊就行了。

「你的村子是右邊嗎？」

問這個問題時，如果那個人是說謊者會回答「ＮＯ」。老實的人也會回答「ＮＯ」

那麼，你就往左邊走，這樣你就可以走到老實村。

怎麼樣？你懂了嗎？

立即拆穿PR的魔術——●虛勢的方程式

人是畏懼權威的，所以，生意買賣的行家懂得消費者的這個弱點。電視上的CM就是其中一例。因此，我們應該反用電視廣告磨練詭辯術的技巧。

樣本有僞

從前，一個古董商在旅途中，到一家茶坊休息。抬頭一看，一隻貓正在店門口吃飯。那個飯盤是高麗的梅缽，是相當有價值的古董，約價值三百兩。

古董商心想：既然把這個昂貴的東西當成貓的飯碗，可見茶店的老闆不知道這個盤子的價值吧。

「我給你三兩，把這隻貓讓給我吧。」

古董商首先把目標投在貓身上，然後把貓抱在懷裡若不經意地說：

「我順便把這個飯盤帶走。」

「啊，這可不行啊！那是高麗的梅缽，不用說也有二百兩或三百兩的價值……。」

「這麼昂貴的東西怎麼當成貓的飯碗呢？」

「用這個盤子讓貓吃飯，這隻貓至少也可賣得三兩錢吧。」

有時，在馬路邊順便買了一個切絲器，回到家卻覺得使用起來不太順手。這是因爲商人在推銷時所使用的道具是特製的，而買回來的全是些粗劣的次級品。

不僅是道具，連長褲也是一樣。這是羊毛製的哦！商人說著抽出一條纖維燃燒給顧客看。但是，只有樣本那條長褲是羊毛製的，賣給顧客的全都是粗糙品。

就連變魔術的道具也是一樣，魔術師不可能賣給他人自己所使用的吃飯傢伙。所以，買這些魔術道具回家後往往大失所望。即使想在孩子面前大現一番身手，隨即露出馬腳，反而出糗。

不過，最近在百貨公司的玩具部門也出現了當場用商品表演的販賣方式。不少人以爲買這些變魔術的玩具回去大概可露一番身手吧。事實上又上了一次當。

其實，即使買回來的東西和百貨公司變魔術的專家所使用的是完全一樣的商品，專家終究還具有熟練的技術。

百貨公司的商品……道具加上熟練的技術。

買回來的商品……只是商品而已。

從這個觀點看來，兩者並不一樣。樣本的商品到底還是不同的東西。各位在購買東西時，最好抱著樣品有僞的觀念。

電視上的ＣＭ幾乎可說是這類的「樣品」。你在電視ＣＭ的誘導下所購買的商品，全是和「樣本」類似，卻不相同的東西。

照相機……你所拍攝的人物全是普通人，電視上則是以明星當模特兒。不可能拍出同樣的東西。

汽車……當你購買一輛轎車後，這輛轎車不可能行駛在非洲的大草原或歐洲的古都巷道。開在爛泥巴馬路上的車子和「樣本」完全不同。

藥品……電視上全是由健康的人吃所廣告的藥品，而我們是爲了健康而吃藥。兩者不可能一樣……。

房屋貸款……電視上是不需要貸款的人貸款，想要貸款的人根本無法上電視。

結婚會場……中學三年級的女兒說——「我也要在那個會場結婚」，妻子說——「但是，佳穎啊，沒有新郎在旁邊喔。」

電視時代的權威構造

不知是誰曾經說過電視太恐怖了。他說：因爲把螞蟻和大象拍得一樣大小。

帶孩子們到球場觀看球賽時，孩子一臉狐疑地問：「怎麼聽不到解說呢？」他們似乎以爲在球場也可聽見和電視一樣的解說。而且，在球場也看不見球員的臉孔。

不論是那個兒童都是在電視上和職業棒球結緣。即使父親會帶孩子上球場，在此之前也看了電視上的職業棒球。而大部分的兒童甚至沒有到過球場。

因此，電視上的職棒反而較具眞實性。在孩子們的心裡已經抱有——爲電視而做的職棒——的觀念。

但是，在目前的電視時代，所必須特別留意的是「權威」已經大大地改變其原有的面貌。從某個觀點來看，電視塑造了新的權威，同時也重新改變了權威。而且，對於這些改變，一般平民並沒有任何對策，完全由電視台以自己的方式操縱，這個社會越來越奇怪了。

至於電視所創造出來的新權威如何呢？

從前，有權威的人才會上報紙、到廣播台接受訪問，並不是身爲大學教授就是偉大的奇才。不過，當時身爲大學教授或醫學博士，確實有其地位。這些權威是根據其對某個學術的專業性。

舉例而言，德國文學的研究者是德國文學的權威，印度哲學的研究者則是有關印度哲學的權威。在早期電視台也都是聘請這些根據其專業性的權威。

但是，隨著電視的普及，電視台本身漸漸帶有權威性。剛開始是有權威的人到電視台演出，現在正好相反。

換言之，上了電視台的人才有權威——一般人已經帶有這樣的觀念，簡直是一百八十度的大轉變。

當演變成這個狀態時，權威的本質也有了轉變。

本來權威是建築在其專業性上，現在的（電視性的）權威則是放棄了專業性。由於電視台本身——正確地說是「可以在電視上演出」——具有權威，因此不再需要專業性。而且，電視本身是綜合的媒體，電視所賦予的權威也是綜合性的。

結果，人具有的專業性反而造成阻礙，因此，電視創造了電視性的權威，將權威電視化了，這就是現在的狀況。

與電視的詭辯對話的方法

說著說著怎麼又變成這麼生硬的議論？

但是，我所說的其實非常簡單。請各位回想一下電視上的ＣＭ，電視上的ＣＭ告訴了我們一切的眞相。

棒球選手出現在電視畫面上，是棒球先生李居明。棒球先生李居明在電視上推薦某商品，這就是電視的ＣＭ。

李居明的確具有其權威，他是具有打棒球技術的人。這個人所推薦的球棒、手套、球鞋……等棒球用品的品質一定可以保證。因爲，他是棒球的專家。這就是所謂的專業性。

但是，電視上的李居明竟然做起飲料的宣傳。

這就是電視所創造出來的權威。本來棒球先生和飲料之間並沒有關係，電視上的「詭辯」卻讓人錯覺地以爲其中似乎有因果關係。許多人就是因爲這個廣告的誘導而認爲棒球先生所推薦的糕餅一定好吃。如果作家做鋼筆的廣告，倒符合道理。但是，卻有作家以身爲懂得咖啡好壞的人做咖啡廣告。

應該做象棋盤宣傳的人卻做酒的廣告。

電影明星宣傳藥品，我不知道其中的緣故。也許他是在大學的藥學部學過藥理的常識吧？

那麼，觀衆應該怎麼辦？

爲了避免上了電視所製造的「詭辯」的當，我都以和電視對答的方式看電視。不論電視說什麼，我都一一地給予反駁。

「喝酒嗎？」——「不喝。我不覺得有喝的必要！」

「我也可以拍照」——「我不會拍照」。

「知道差別的雀巢咖啡」——「不知道差別的廖先生」。

「明天去玩平安閣」——「後天到葬儀社」。

我每天就對著電視機發牢騷，妻子在旁聽得哈哈大笑，然而我卻卯足了勁和電視鬥上了。如果保持沉默就會上了電視「詭辯」的當。

所以，我們應該以自己的「應急詭辯」來對付電視的詭辯，藉此中和電視的毒害。這個作法有意想不到的副產品。

其一，是我可以訓練自己的「應急詭辯術」。換言之，這變成日常的訓練。

其二，是從這些一問一答中，可以獲得不少奇妙的點子。

這些點子可以做爲以後書寫隨筆時的材料。事實上本書中就有許多和電視一問一答中所想到的點子。

總而言之，電視時代的「權威」已大爲轉變，這一點請讀者必須注意並有所自覺。稍一疏忽就會上了電視的當。不，或許早已經來不及了。

若是如此，最後的絕招只有把電視敲壞……。

賣方的構想與買方的心理——●折扣的方程式

PR魔術第二彈，利用數字的攻擊法。「打××折」之類的宣傳用語會刺激消費者的心理。那麼，其眞正的意思是？

一〇〇%折扣並不是不要錢

一百元的東西變成兩百元。漲價了百分之多少？

漲價了百分之百。多數人會這麼回答。但是，只想到這個答案的人當不了政府官差。政府官差這種人會說漲價百分之五十，這是一種「應急詭辯術」。事實上，這類「詭辯」早已有之，那是「統計的謊言」。一般人的觀念是從一百元漲到兩百元，所以漲幅是百分之百。但是，另一種想法是變成兩百元的東西，只漲了其百分之五十的一百元而已。

因此，可以說成漲了百分之五十。其間的差別是根據漲價前與漲價後的數字而改變了漲幅的差別。

社區的用品店在門口貼了這樣的廣告。

「店内改裝，從四月十八日起一〇〇%折扣銷售。」

那麼，任何東西都免費囉！這老闆可眞狠得下心啊「我大爲感佩。當然，我想既然是免費送給顧客的東西，一定是些便宜的垃圾，改裝後銷路好的商品必定儲存在倉庫裡吧。

我向妻子提起這件事。我認爲令顧客以爲可以免費贈送優良商品的宣傳中，似乎隱藏著「應急詭辯」。

「你啊，眞是天眞……。」妻子這麼說：「百分之百的折扣是指一千元的東西賣五百元啊，用五百元可購買一千元的東西，當然是便宜了百分之百啊。」

「什麼，妳是說五折……。」

「是啊！」

妻子不足爲奇地說。其實只要具備商人不可能免費贈送商品給顧客的常識，就不會上了這種「詭辯」的當。

一半兔肉、一半馬肉

這類「詭辯」的例子在前面所引用的達雷爾・哈夫的『利用統計說謊的方法』中爲數衆多。甚至還有極端的例子是「從百分之十四到百分之二二〇的降價」。若把它當眞，那麼，打百分之二二〇的折扣時，賣方除了給顧客商品之外，還必須貼上現金才對。統計這種東西本質上就是「詭辯」。

該書還提到：

「雖然書籍的價格上漲，然而作者的利潤一點也沒有增多的原因，似乎是書本的製作費和材料費上漲的關係。其詳細內情是過去十年內光是設備和生產費就上漲了百分之十到十二、材料漲了百分之六～九、販賣及廣告費漲約百分之十，把這些上漲的費用統計起來（根據某出版社）至少高達百分之三十三。在較小規模的出版社，甚至上漲到百分之四十。」

讀者是否立即看穿這是「詭辯」呢？筆者在本書也曾經提到，運費漲價百分之一八，往返兩趟就漲價成百分之三十六（？）的例子。

在那個例中，我所要談的是幽默，我做夢也沒有想到會有人竟然眞的以加法來表示漲幅。

提到幽默——這也是取自達雷爾・哈夫的例子——有一個以相當便宜的價錢出售兔肉丸子的商店。爲什麼這麼便宜呢？對於這樣的疑問，老闆說：

「我裡面混雜著馬肉，一半一半喔，兔肉五分、馬肉五分。我發誓眞的是各一半。」

「即使是各一半，價錢也太貴了……。」

「是的，所以我攙雜著五分的馬肉。一匹馬配一隻兔子，絕對不會混雜太多的馬肉。」

馬一匹加上兔子一隻——這樣就是五分五分。沒有搞錯吧？

倍——眞的是乘倍數嗎……。

十元的三倍——三十元。四倍是四十元、五倍則是五十元。

那麼，十元的兩倍呢？當然是二十元囉。

比二倍少的一·五倍呢……？是十五元。

那麼，一倍呢？若是一倍就是原來的十元。一倍也是倍，所以，十元的倍是十元。

「從這個月開始加倍給你零用錢。」父母向孩子說，孩子大爲歡喜。但是，到了下個月，孩子所拿到的零用錢卻和上個月一模一樣，孩子表示抗議。這時，父母親可以使用這樣的「應急詭辯」。相信孩子們也無言以對吧。

「但是，倍是指兩倍啊！」

孩子們啾著嘴說。不過，「倍是兩倍」這句話反而帶有「詭辯」的意味。這全都是語言本身的做怪。因爲，一倍不成倍，兩倍才是倍數的關係……。

任何原因永遠並不只有一個——●因緣的方程式

認爲「原因」只有一個的，是社會一般的方程式，不過，這很容易在對方的論法中落敗。因此，應該利用「因緣的方程式」做思考……。

流氓的因緣和佛教的因緣

被流氓藉故找碴，是流氓故意找出「因緣」惹事生非。

那麼，「因緣」到底是什麼？字典的解說如下。

因緣　①「佛」這世上的一切事物全是由原因（‖因）和產生結果的作用（‖緣）所決定的。②「轉意」事物所被賦予的命運。③「根據命運所結合的」關係。關連。④事物的發生。由來。理由。⑤「向人」挑釁。

換言之，「因緣」本是個佛教語。佛教語的「因緣」是由「因」和「緣」結合而成。

佛教對這個詞的解釋是這樣的。

在大地撒下花草的種子後，不久長出芽而成長，然後開出美麗的花。這時，發芽的直接原因是因爲有種子。這就是「因」（直接原因）。

相對地，「緣」是間接條件。若只有種子（因）也無法發芽。若要使種子發芽，必須有適當的溫度。也要有水分。若無大地也不能憑空發芽。這些溫度、水分、大地……之類的東西就是「緣」，亦即間接條件。

「緣」並非全是常識上的事物，有趣的是佛教上的「緣」，還包含著現代人所說的「負面的緣」。所謂「負面的緣」好比烏鴉走過來卻不啄地上的種子。

因此，就連讀者們没有阻礙撒種的時機，在佛教上也稱爲「緣」。既然如此，世間所有的事情全有「緣」。這是佛教的基本教義，稱爲「緣起」。

佛教的教義就到此爲止。總而言之，各位只要明白任何事物的結果，一定有其各種的因和緣。基於這個觀念再來考慮因緣的方程式。

媒體的理論有其特殊的看法

那麼，社會一般的觀念是怎麼樣呢……？

一般人只要找到一個原因，就覺得放心。雖然大家並非認定原因只有一個，但是，不知何故只要有一個原因就會放心。也許是因爲這樣比較容易明白吧。媒體的理論就是其代表。

公路局的赤字——碰到這樣的問題時，一定說是公路局的勞工怠慢的緣故，只把它當成唯一的原因。而且，報章雜誌連日報導鐵路局勞工的怠慢情況使人加深印象。

若要吹毛求疵，任何報導都寫得出來。本來並不引人注意的記事，在對公路局職員的責難、攻擊鬧得滿天喧囂時，反而凸顯其嚴重性。媒體事先使社會大衆產生先入爲主的觀念，然後再火上加油地煽動，當然出現了相乘效果。

媒體的理論簡直就是「應急詭辯」。在閱讀報章雜誌時若沒有這樣的認識，讀者很容易上了這些詭辯的當。公路局的赤字並不只是因爲職員的怠慢。以常識而言，造成赤字的大半原因應該是不顧預算，而在鄉郊僻野設立造成赤字路線的政治家的責任。

窮鄉僻壤也需要公路的論理並無不當，要蓋公路就蓋吧。不過，這些窮鄉僻壤之地所造成的公路營運赤字，應該由國家或地方自治團體負責。此外，還有許多造成赤字的原因。

我認爲公路局職員的怠慢，只不過是造成赤字原因中的極小部分而已。但是，即使態度怠慢是重大的原因，那也不是唯一的原因。其他應該還有各種的原因。

但是，社會上或媒體上的論理只特別指出其中一個原因，其餘的就被沉入箱底。「原因只有一個」可說是社會上一般的觀念吧。

如何反擊對方的追究？

將社會一般的（錯誤的）觀念和佛教的觀念綜合在一起，我們來訂定一個「因緣的方程

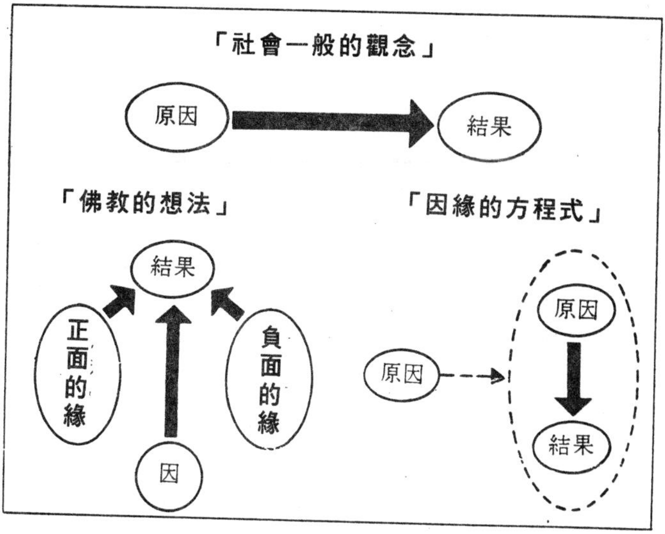

式」。這個「方程式」如下。

——如果被他人以某個原因追究對某結果所應付的責任時，只要找出和對方所指責的原因不同的另一個原因。

簡單地說，這是推卸責任。「推卸責任」語感不好，因此，我們把它稱爲「因緣的方程式」。

當感冒休息而錯過一個重要的契約時，多數的經理都會發怒地說：

「會傷風感冒都是不謹慎的緣故。」

感冒是濾過性病毒的傳染，即使再怎麼謹慎小心，也無法避免。然而卻被認定是「不謹慎」的緣故，所以，你應該反嘴說：

「不是！那是流行性的感冒。」

但是，這種應答方式並不符合「因緣的方程式」。各位請看附圖就可明白，這只不過是「不謹慎」或「濾過性病毒」之爭而已，由此可見你仍然深信原因只有一個。而且，「不是！」這句話也不夠巧妙。不是——任何人聽到這句話，一定會認爲是對方的反駁。請再看一次附圖的「因緣的方程式」。其方法是在對方所指責的原因之外，找出另一個原因。

「眞對不起，我的確是不謹愼啊。不過，這個公司倒有許多令職員鬆懈的地方啊。當顧客打電話來時，櫃台方面也不好好地做聯繫的工作。公司的司機又是個糊塗蟲，做課長的成天打瞌睡，到處都是鬆懈、懶散啊！」

這才是「因緣的方程式」。

「什麼！這是什麼成績啊？你平常懶惰不用功才會考出這種爛成績！」

「是的，您說得對。但是，教育出懶惰蟲的父母也有責任。」

「怎麼把玻璃打破了！任何人都知道在這種地方玩棒球，一定會把玻璃打破的啊！」

「但是，沒有爲我們蓋運動場的是政府，也應付打破玻璃的一些責任。」

過於慌張而絆到椅子的人會怒吼說：「怎麼可以在這個地方擺椅子！」

這只不過是把自己的過失置若枉聞而已，並非「因緣的方程式」。若是「因緣的方程式」會把造成慌張的原因當成問題。如果是因爲電話進來而慌張站起來，就會懷恨地說：「都是打電話的人不對！」而指責打電話者。

連一通電話也敢隨便亂打了，這簡直和流氓藉故找碴的方式一模一樣。

你我的意見都正確——

●自在思考的方程式

東方人的論理中，有一個特徵是認爲正確的意見只有一個。所以，會認定其中一方是錯誤的。如果我們試想還有另一個正確答案呢……？

英國人一點也不足爲奇的事

英國有這樣一個笑話。

「我認爲2＋2＝4，你認爲呢？」

這是笑話。我們搞不懂何以這樣叫做笑話，因爲基本上我們和英國人有著完全相反的觀念。在我們的社會經常可聽到下面的對話。

「難道你認爲我在說謊嗎？如果你是正確的，我就是錯誤的。你一定想說是我搞錯或者是我說謊吧？」

「到底是你對還是我對，我們何不趁這個時候把它搞清楚。」

不論是在公司或路邊的酒攤，常有爲這種事爭執的人。造成這種觀念的背景似乎是我們都具有正確的意見只有一個的信仰吧。所以，若有一方是正確的，則另一方一定是錯誤。

但是，英國人卻不同，英國人之間不論是那一種意見都是正確的。不，問題不在於正不正確，而是每個人可以具有各自的意見。當然，其前提是不可給他人添麻煩……。

——我的妻子是美人。

——我的兒子是天才。

——2＋2＝6。

任何意見都可以，彼此應該尊重對方的自由，基於這樣的前提下交往。這乃是英國人的觀念。

這倒令人感到意外……我們就來確認一下吧。我認為二加二等於四，你認為呢？可以啊，即使你認為二加二等於六也無妨。雖然如此我們仍然可以交往。這就是英國人所具有的人性，我們似乎多少要向他們學習一下。

我和你那一個正確？這種觀念是奇怪的。因為，可能我和你都是正確的，也可能雙方都是錯誤的。

而且，即使別人是錯誤的又有何妨，縱然因此有所損失也是他人受損。只有自己因別人的錯誤而遭受麻煩時，才有需要對別人的正誤表示關心，否則彼此不應干涉對方的觀念。

甚至當一方是正確而另一方是錯誤時，也可能是正確者是五十一分，而錯誤者是四十九分的情況。在這種情況下，並不需要確認孰是孰非，雙方是可能和平共存的。

正確答案不一定只有一個

下面的例子也許是令讀者們了解正確答案不一定只有一個的最好方法吧。請做左邊的問題。這是實際上由一個小學三年級學生所提出來的問題。

（問題）　請在下面的□內填上適當的數字。

2、4、6、□、10、12

任何人都會塡上8吧，所以正確答案是8。如果塡上9，大概會打×吧。但是，塡上9也可以，9也是正確答案。

因爲，假設這是某公司所擧辦的「新製品開發檢討會」的擧辦月份，如果塡上8是表示這個「檢討會」是在偶數月份擧行。但是，8月天氣燠熱又適逢中秋，所以，也可能把8月的會期延到9月。如果8月停會，而在9月召開「檢討會」的話，擧辦的月份就變成下面的情況。

2、4、6、9、10、12

所以，9也可能變成正確答案，並不只有8才是正確答案。

花言巧語並不需要正確性——●非論理的方程式

若把戀愛問題做論理性的思考一定失敗。據說最初必須有行動然後又是行動。換言之，只有行動而已。但是，美詞麗句也有助於戀愛發展。

男與女之間不需要語言

您不相信嗎？我們可從英語獲得證實。英語字典中（man 和(woman)相隔甚遠。不過，其間並沒有（字詞 word）也沒有（語言language）。

所以，男人和女人之間不需要語言，這難道也是「應急詭辯」？不過，事實上男人和女人之間似乎不需要語言。

我是個謹言慎行的學者，從來没有向女性花言巧語過的經驗，只能利用他人的智慧現買現賣。根據花花公子哥兒們所言，似乎剛開始要有行動，然後還要有行動（換言之，只有行動）。

「可以吻妳嗎？」

當男人這麼問時，絕對沒有女性會回答「好啊。」既然如此，根本不必詢問——道理上是這麼說，不過這似乎也是一種「詭辯」。

總而言之，任何書本上都寫著愛情的開端全掌握在行動和強行闖關的絕招上。這一點就相信它吧。

不過，我卻不認爲男人和女人之間不需要「應急詭辯」。

即使不需要語言卻需要「詭辯」，這乃是我一貫主張的理論。因爲，語言總是拘泥於眞實性。

相反地，「應急詭辯」卻是自由自在。這就是「應急詭辯」神妙的地方。

我們都想正確地使用語言，不，老實地說想要正確地使用語言的是男性。

「昨天在火車上碰到一位絕色美人，她往我這邊送秋波啊……。」

一個男人這麼說。

往我這邊送秋波……可不要斷然地認定美人的眼睛無數次地投射在這個男人的身上，只不過瞧了兩次而已。但是，這個男人確實想要正確地描述當時的情景。

若是女流之輩，即使碰到同樣的狀況，所表現的方法卻大不相同。

「昨天，我在火車上碰到一位帥極了的男人。眨也不眨地盯著我看。整整一個鐘頭被他盯著瞧，到後來我整個人神魂顚倒，竟然忘了下車了。」

「那麼，你是坐過頭了？」

「沒有，他下車的車站正好和我一樣啊，眞是巧合。」

「那麼，妳是在台北車站下車囉？」

「是啊。」

「那個美男子是從那裡上車的？」

「萬華啊。」

特地爲對台北的地理不太熟悉的人附帶一提。萬華到台北只有一站，距離根本不到五分鐘的車程，怎麼可能被那個美男子盯著瞧一個多鐘頭呢？

但是，絕對不可提出使女人論理中的矛盾露出馬腳的疑問。如果做這樣的疑問時，她也許會回答說：

「喔，你不相信嗎？眞過分。我才沒有說謊呢。」

同時，會認爲你是不解風情的呆頭鵝。

因爲，女性對於自己所說的話，永遠認爲是眞實的。

女性是天生的詭辯家

由此可見，男性和女性對語言的關心度大不相同。爲了避免話題變得複雜，現在以男性爲主題來申論一番。如果必須評論女性的語言型態時，再針對女性做一番論述。

以男性而言，他們非常渴望正確地使用語言，這變成一種強迫觀念，亦即本能性的願望。正因爲如此，所以在向女性求愛時語言反而變成障礙。因此，無法利用語言討好女性。

但是，「應急詭辯」卻不同。

「應急詭辯」既然是「詭辯」根本不需要正確性。正確也無妨，不過，那純屬「詭辯性的正確」並不需要事實上的正確性。

「如果月亮是鏡子的話，我一定經常在鏡子裡找尋妳的容貌。」

這個說詞就是「詭辯性的正確」。事實上月亮不是鏡子，即使你忘記了她的容貌，也不會造成說謊。

「啊，我眞想叫這麼美麗而幸福的霎那『靜止』啊！請停止吧。我這麼喊叫著。」

當一個月後，女朋友責問男友移情別戀時，就可使用「應急詭辯」。

「我是喊叫了，我是叫著『時間啊，靜止吧』。但是，時間無情地繼續轉動，而我的心也隨著時間移動——。」

我們實在應該儘量地活用「應急詭辯」，即使男人和女人之間不需要語言的存在，仍然需要「應急詭辯」。

「你不可以存在，因爲，你使我的心發狂。」（現在的愛情是暫時的發狂，不久，我會

回復神志）

「即使地球消滅，我的愛永遠留在世間！」（不過，也許愛的對象會變化）

從這些字句看來，「應急詭辯」也是一種修辭學。靈巧地操縱語言就是修辭學。使用語言時若擔心話中的眞實性就無法應用修辭學。

眞實又算那門東西！以這樣的心態應用語言吧。這就是修辭學，也就是「應急詭辯」。

這種「應急詭辯」有助於男女之間的關係。

以上是基於男性的立場所談的要訣。這是對始終在意眞實性而無法大膽表現的純情男性的忠告。

請使用「應急詭辯」。

這就是我的處方箋。

「啊，妳是我的太陽！」

「沒有妳我晚上睡不著……。」

「妳怎麼這麼漂亮啊！在妳的面前，連星星也失去光亮。」

即使是陳腔爛調、花言巧語都儘管使出來吧！在你使用令人起雞皮疙瘩的這些語詞時，漸漸地就能堂而皇之地使用「應急詭辯」，如此一來，你就變成戀愛的魔術師。在你的甜言蜜語下，沒有一個女人不爲你傾倒。

如果有女人不拜服在你花言巧語下……？這時你就說：

「她不是女人！」

那麼，對於女性我該給予什麼樣的忠告呢？既然「應急詭辯」有助於男女間的關係，那麼也應該向女性推薦「應急詭辯」。

這就是我的結論，不過，也許根本不需要這類的忠告吧。因爲，女性自古以來就是「應急詭辯」的專家。

事實上，有那些女性在使用語言時，會在意其中的眞實性呢？

一個月亮非常清澈的夜晚——。在公園的椅凳上少女對青年說：

「我現在好幸福喔！我眞想在這個瞬間被你擁抱在懷裡死去……。」

一秒後，一隻毛毛蟲掉在她的眼前。

「啊！嚇死人了，我一看到毛毛蟲就怕得要死。」

男人根本無法說出這麼矛盾的話。但是女性說這些話臉不紅心不喘，一點也無所謂。

果眞如此，女性才是天生的「應急詭辯」家吧。

場所改變專家的本質也跟著改變——●比較的方程式

東方和西洋、專業和業餘……雖然他們無法對等地論說卻經常被做爲比較。正如所謂的入境隨俗「應急詭辯」也必須具備柔軟性。

採東京型或大阪型

我覺得東京和大阪的文化差異甚大。

鰻魚就是最好的例子。東京吃鰻魚時是從其背部割開，先蒸過再烤。據說之所以從背部割開乃是因爲東京從前是武士的城鎮，不喜歡切腹的緣故。

在大阪則是切開鰻魚的腹部直接燒烤。東京人挑剔大阪的鰻魚太硬，大阪人則詆毀東京的鰻魚是老人的食品。

東京的高級妓女（專業賣春婦）和大阪也有極大的差異。這是從書本所轉借過來的知識。據說東京的高級妓女的客人大約有五人，依照順序與對自己心儀的男子交往。

其中據說還有交了錢卻無法獲得青睞的人，到底這些人是爲了什麼目的而去的呢？花了錢卻無法達到目的不是傻瓜嗎？

大阪的高級妓女就不同了。大阪的高級妓女只和特定的一名男人交往，當然，必須支付一筆爲數可觀的款項。只要付了錢就是顧客的專屬。我覺得大阪的行情較好。

這是很久以前的慣例了，我本身也沒有直接的經驗，但是，我所知道的東京與大阪確實有其專業的差別。當然，這裡所指的專業並非賣春婦而是陪酒的吧女。到東京的酒吧或酒場時，顧客都會向吧台老闆娘或吧女勸酒。

「老闆娘，要不要喝一杯……。」

我覺得這簡直可笑……。自己花錢飲酒，爲何還要裝出那一副慶幸的樣子呢？大阪的客人則牢靠多了。

「喂！好好地斟酒啊！光是嘰哩咕嚕地談天，把顧客當成什麼了！」

有一個朋友如此斥責酒吧的吧女。但是，那是二十多年前的老話了。最近，在大阪也流行起東京的模式。

「老闆娘，怎麼樣，喝一杯吧——」

「唉喲，要是拒絕了您的酒就糟了啊……」

有什麼辦法呢，社會的演變是奈何不得人的。

以業餘取代專業的詭辯術

提起專業——所想到的就是職業棒球。沒有比職業棒球更清楚地劃分專業和業餘間的差別。雖然其間有明確的區別，然而在報紙評論上，似乎常將專業與業餘混爲一談。

這裡所謂的混爲一談並非將業餘職業化，而是將職業業餘化。日本的「朝日新聞」經常有這類的主張。

其中一例是一九八一年八月十日，「朝日新聞」的專欄報導。

該記事中提到八月十日在東京甲子園有高中棒球賽。而記者本身在電視觀看賽程緊張、高潮迭起的「高中棒球」之後，當天晚上到名古屋球場的中日——阪神職棒賽採訪。比較職棒與青棒的賽程內容，在認眞度這一點上應該給青棒大聲喝彩。那麼，職棒是在那一個方面漸漸失去認眞度呢？

「職棒的打者中，有些打者碰到投手前的滾地球就不跑壘。中日隊的田尾選手，打了一支一壘前的滾地球，只跑了五、六公尺。尤其是當投手是打者時，也許是保持下場投球的體力，竟然也有人會走步上壘。反觀美國職棒聯盟的投手，各個拼了命跑壘，爲什麼我們就辦不到呢？」

這是這篇報紙的記者所想要指摘的地方。「投手也應全力跑壘！」從這個報導的標題也可得到證明。這位記者認為和業餘的青棒比較起來，這一點是職棒最遜色的地方……。

但是——

這完全是「詭辯」。

讀者們！千萬不要被這樣的「詭辯」所矇騙了。我希望各位能從這裡洞穿「詭辯」的所在，並藉此為參考並磨練自己的「應急詭辯」。這是一種「教科書性的詭辯」。

我稍做一下分析吧。

『有些打者碰到投手前滾地球就不跑壘』。……這為什麼不可以？

這篇報導的記者認為其理由是：「高中棒球即使是平凡的高飛球或滾地球，甚至九九％可能被判出局，也會全力跑上壘包，充分發揮了一年來勤奮練習的精神。」

從這個文章看來，他似乎認為業餘選手既然如此，職業選手更應認真跑壘才對。不過，這個理論真奇怪。職業棒球和業餘棒球根本上並不相同。所以，這並不構成理由。

難道把職業摔角選手和業餘角力者比較，認為業餘角力選手不可手中暗藏啤酒的開瓶器毆打對方，就認為職業摔角選手就不可這麼做嗎？在職業摔角場上，沒有擔任壞蛋的選手就不熱場。職業摔角界不但有其特有的規矩，同時也應該有這些規矩。如果把業餘選手和職業選手以同一個角度來看待，不但對業餘者沒有助益，對職業選手而言也太苛求了。

日本的高中棒球的賽程，十天就結束了，並不是今天敗了還有明天的比賽。相反地，職業棒球是一整年的賽程，一年要比賽一百三十場。所以，兩者不可能一樣啊！

另外，我認爲打出投手前滾地球而全力跑壘的職業選手，也不能算是行家。最好停止期待對方失誤的冒險行爲。

對方也是職業選手，不大可能把球掉落在地。萬一投手暴投，甚至可以開朗地大笑著說：不用跑了，我出局了。

擊出投手前滾地球是自己的過失，所以這時候大可以氣憤地用腳跺地，然後回到休息區……。出現一、兩個會這麼做的人也無妨。

但是，這樣的發言大概無法獲得回響吧。啊，職業棒球越來越無聊了！

『尤其是投手擔任打擊者時，也許是爲了避免接下來的投球的疲憊，竟然用走路上壘。美國職棒聯盟的投手各個奮勇跑壘，我們爲什麼辦不到呢？』……這位記者應該知道其中的理由啊！

能夠負責職棒專欄的人，一定知道美國職棒大聯盟和日本職棒之間的差別。明知而故問無非是「詭辯」而已。

據說，在美國一名投手的年間投球數是在三百局以內。投手在投手之前必須有三天乃至四天的休息，在這期間雖然偶而會擔任救援投手，爲數並不多。

不僅是投手，選手的待遇也有不同。提到待遇……如果無視兩者之間待遇的差別而做一番論述，那麼，當美國的新聞記者在中東的戰火中採訪並寫下了不起的記事時，日本的新聞記者恐怕會被批評爲不中用吧。所謂的比較應該以條件的公平爲前提。

另外，希望投手也能全力跑壘的論理，應該和指定打擊制有關。

換言之，讓投手專心於投球，打者全心投注於打擊上的就是指定打擊制。如果因爲投手不跑壘，所以日本中央職棒聯盟也應該採取指定打擊制！這個道理還行得通。但是，對指定打擊制一句話也不提，就拿高中棒球和職棒聯盟做比較，在論裡上就有矛盾。高中棒球並不是職業棒球，而在職棒聯盟中光靠精神論也是行不通的。

總而言之，這段記事充滿著「詭辯」。但是，正因爲到處是「詭辯」，我們可從這段記事學習到許多啓示。亦即，我們可以歸納出下面的要領。

——在不足以比較或不可以比較的事物間做比較吧。這就是「應急詭辯術」。

譬如，對於前來發牢騷、抱不平的職員，社長可以這麼說：

「我曾經到過泰國旅行，看到大象默默無言地搬運著沉重的巨木，和那些大象比較起來，我們人不是太可恥了嗎？」

當然，被如此諷刺的職員一定會這麼說：

「大象當然不會說話，難道大象和人一樣嗎？」

是啊，這樣的反駁才是正確的。所以，我們也可以向「朝日新聞」的那位記者如此反駁說：

「傻瓜，只有青棒才會在投手前滾地球使勁奔跑，難道青棒和職棒一樣嗎？」

爲宿醉的自己辯護

這是我的體驗——

和大學的講師們一起喝到晚上十點左右。

「啊，明天還有課，今天晚上就到此爲止。」

有許多人這麼打招呼後離去。

也有喝到凌晨一、兩點也無所謂。

「明天沒有課嗎？」

當我這麼問時，他回答：「有。」

「那麼，我們回家吧！」

「爲什麼？」

「你不是說明天有課嗎？」

「是有課啊！不過，我已經當了十五年的老師了，可說是老師的專家……身爲專家者無論在上課前的晚上喝多少酒也能上課。這才是眞正的專家！」

換言之，在酒方面也有兩種專家。

①型——爲了明天的工作節制今天的酒量。這是可以做自我抑制的專家。

②型——無論今晚是否喝得酩酊大醉，明天照常可以做明天的工作，不會以宿醉爲藉口而開溜的就是專家。

若能巧妙地分別使用這兩種類型，就可獲得「應急的詭辯」的方程式。換言之，表現出②型而被斥責時，則以①型回應。若因爲①型而被責備時，就以②型反駁。

「不要喝到宿醉啊！」（①型的責備）↓「不會，再怎麼喝即使喝到宿醉，只要把工作做好不就行了嗎。」

「好好地工作啊！」（②型的責備）↓「傻瓜，宿醉難道可以工作嗎？如果要責備，就應該叫我不要喝酒。」

不過，這兩者都是強詞奪理的反駁吧。

後序

愚蠢人事後聰明——這個俗語是說和他人辯駁時，因為無法恰當地給予反駁而感到懊悔，事後才想到當時應該給予什麼樣的反擊才對。不過，已經來不及了。

一般人大概都有類似的經驗吧。我也不例外，到底這是怎麼回事呢？

追根究底就是我們過度想要表白自己心意的緣故。想要告訴他人自己的想法。想要主張自己認為是正確的事。希望對方理解自己所說的話。不，希望獲得對方的共鳴，不願意說不正確的事……每個人都帶有這種心情。

這是不對的。就是因為這樣才無法隨心所欲地發表自己的意見。而到了事後才懊悔當時自己的說詞不當或無以應對的窘態。

我們應該善加利用「應急詭辯」。考完試後再寫出滿分的正確答案也於事無補。有六十分就好了，但必須在當場把答案寫出來。不過，這六十分的解答方式有其應有的技巧。

若想要拿到一百分的滿分，絕對無法寫出六十分的「應急」答案，這就是「應急詭辯術」的特色。本書的目的正是要確立這樣的「應急詭辯術」。

我想世界上大概有不少人聽到「詭辯」一詞就皺起了眉頭。但是，從本書的說明各位應該明白，人所說的話中多少都帶有「詭辯」。若絕對不說「詭辯」時，也許只能閉上嘴保持沉默了。

所以，應該坦率地認同「詭辯」並巧妙地應用「詭辯」，同時注意不要上了惡質的「詭辯」的圈套。若嫌棄「詭辯」，最後只會被「詭辯」所矇騙。

而「應急詭辯」是良質的「詭辯」。熟悉這個良質的「詭辯」，是洞穿惡質的「詭辯」並避免受其傷害的最好方法。

所以，讀者們！請盡量活用「應急詭辯」吧！

大展出版社有限公司	圖書目錄
地址：台北市北投區11204 致遠一路二段12巷1號 郵撥： 0166955～1	電話：(02) 8236031 8236033 傳真：(02) 8272069

•法律專欄連載•電腦編號 58

台大法學院 法律學系／策劃
法律服務社／編著

①別讓您的權利睡著了1	200元
②別讓您的權利睡著了2	200元

•秘傳占卜系列•電腦編號 14

①手相術	淺野八郎著	150元
②人相術	淺野八郎著	150元
③西洋占星術	淺野八郎著	150元
④中國神奇占卜	淺野八郎著	150元
⑤夢判斷	淺野八郎著	150元
⑥前世、來世占卜	淺野八郎著	150元
⑦法國式血型學	淺野八郎著	150元
⑧靈感、符咒學	淺野八郎著	150元
⑨紙牌占卜學	淺野八郎著	150元
⑩ＥＳＰ超能力占卜	淺野八郎著	150元
⑪猶太數的秘術	淺野八郎著	150元
⑫新心理測驗	淺野八郎著	150元

•趣味心理講座•電腦編號 15

①性格測驗１	探索男與女	淺野八郎著	140元
②性格測驗２	透視人心奧秘	淺野八郎著	140元
③性格測驗３	發現陌生的自己	淺野八郎著	140元
④性格測驗４	發現你的真面目	淺野八郎著	140元
⑤性格測驗５	讓你們吃驚	淺野八郎著	140元
⑥性格測驗６	洞穿心理盲點	淺野八郎著	140元
⑦性格測驗７	探索對方心理	淺野八郎著	140元
⑧性格測驗８	由吃認識自己	淺野八郎著	140元
⑨性格測驗９	戀愛知多少	淺野八郎著	140元

⑩性格測驗10	由裝扮瞭解人心	淺野八郎著	140元
⑪性格測驗11	敲開內心玄機	淺野八郎著	140元
⑫性格測驗12	透視你的未來	淺野八郎著	140元
⑬血型與你的一生		淺野八郎著	140元
⑭趣味推理遊戲		淺野八郎著	140元

・婦 幼 天 地・電腦編號16

①八萬人減肥成果	黃靜香譯	150元
②三分鐘減肥體操	楊鴻儒譯	150元
③窈窕淑女美髮秘訣	柯素娥譯	130元
④使妳更迷人	成　玉譯	130元
⑤女性的更年期	官舒妍編譯	160元
⑥胎內育兒法	李玉瓊編譯	120元
⑦早產兒袋鼠式護理	唐岱蘭譯	200元
⑧初次懷孕與生產	婦幼天地編譯組	180元
⑨初次育兒12個月	婦幼天地編譯組	180元
⑩斷乳食與幼兒食	婦幼天地編譯組	180元
⑪培養幼兒能力與性向	婦幼天地編譯組	180元
⑫培養幼兒創造力的玩具與遊戲	婦幼天地編譯組	180元
⑬幼兒的症狀與疾病	婦幼天地編譯組	180元
⑭腿部苗條健美法	婦幼天地編譯組	150元
⑮女性腰痛別忽視	婦幼天地編譯組	150元
⑯舒展身心體操術	李玉瓊編譯	130元
⑰三分鐘臉部體操	趙薇妮著	120元
⑱生動的笑容表情術	趙薇妮著	120元
⑲心曠神怡減肥法	川津祐介著	130元
⑳內衣使妳更美麗	陳玄茹譯	130元
㉑瑜伽美姿美容	黃靜香編著	150元
㉒高雅女性裝扮學	陳珮玲譯	180元
㉓蠶糞肌膚美顏法	坂梨秀子著	160元
㉔認識妳的身體	李玉瓊譯	160元
㉕產後恢復苗條體態	居理安・芙萊喬著	200元
㉖正確護髮美容法	山崎伊久江著	180元

・青 春 天 地・電腦編號17

①A血型與星座	柯素娥編譯	120元
②B血型與星座	柯素娥編譯	120元
③O血型與星座	柯素娥編譯	120元
④AB血型與星座	柯素娥編譯	120元

國立中央圖書館出版品預行編目資料

應急詭辯術／廖英迪編著.—初版
—臺北市；大展，民84
面；　　公分.—（社會人智囊；4）
ISBN 957-557-526-1（平裝）

1. 理則學　2. 口才

159.5　　　　84005316

ISBN 957-557-526-1

應急詭辯術

編著者／廖　英　迪
發行人／蔡　森　明
出版者／大展出版社有限公司
社　　址／台北市北投區（石牌）
致遠一路二段12巷1號
電　　話／(02) 8236031・8236033
傳　　眞／(02) 8272069
郵政劃撥／0166955－1
登記證／局版臺業字第2171號

承印者／高星企業有限公司
裝　　訂／日新裝訂所
排版者／千賓電腦打字有限公司
電　　話／（02）8836052
初　　版／1995年（民84年）7月

定　　價／160元

大展好書 好書大展

大展好書 好書大展